認知症の人の心を知り、「語り出し」を支える

本当の想いを聴いて、かかわりを変えていくために

三豊・観音寺市医師会
三豊市立西香川病院院長

大塚智丈 著

中央法規

執筆のきっかけ

　介護保険が始まった 2000 年に、私が勤務している病院が国立から公設民営で医師会運営へと変わり、その地区医師会からの要請で認知症医療に力を入れることになりました。しかし、当時の私は認知症の人を中心に診ることに対し、あまり気が乗りませんでした。このころは認知症の人を診ることに、やりがいを感じられずにいたのです。ただ、高齢社会となり認知症の人が増え、認知症医療の社会的ニーズが高まることは予想できましたので、当時は何とかそこでモチベーションを保とうとしていました。

　このような状況でしたので、認知症医療に注力しはじめて、診断などのレベルは向上しても、本人への支援の面では失敗続きでした。また、その失敗にも気づいていないというあり様でした。その失敗の理由は、認知症の人の心を理解できていないことにありました。そして、自分が行っている認知症の医療・ケア自体に対しても、できることがあまりないように思いこんでいたのです。認知症の人にも自分の仕事にも、負のレッテルを貼ってしまっていたということです。そのことによって、やりがいを感じられずにいたのです。

　しかしその後、多くの認知症の人たちと出会う経験を重ねるなかで、少しずつですが気づきを得られる体験をしてきました。偏見や固定観念から抜け出すきっかけを得られたことにより、いまは、認知症や認知症の人への見方、とらえ方が、20 年前の自分とは全く違うと言っていいほど大きく変わっています。それに伴って、自分にも役に立てることが意外と多くあることに気づき、自分の仕事にやりがいや満足感を感じられるようになりました。

視野が広がったことにより、そのときどきの人手や時間など資源が制限された状況のなかでも、自分の仕事をより役立つように変える方法を見つけられるようになったのです。そして、僭越ながら、この変化した自分に与えられた役割のようなものも感じるようになり、自分の実体験に基づいて役に立てそうなところをお伝えしたいと思うようになりました。現在、認知症の人にかかわる仕事をしながら、「何をやりがいにすればよいのかよくわからない」という、以前の私のような専門職の人もいると思います。そのような人たちに、新たな価値の世界への扉を開くお手伝いをさせていただきたいと思い、今回、筆をとりました。

本書の構成

　本書は3部構成で、総論的に理解をするPart 1と実践のためのPart 2、Part 3に分かれています。

　Part 1では、認知症の人の置かれている心の状況について概説します。認知症の人の内面にある苦悩やその背景、認知症への誤解や固定観念から脱する必要性などについて述べています。そして、認知症の人の心情・心理を把握するための視点についても説明しました。

　Part 2では、実際に個々の認知症の人の心を理解し、その人の想いを声として聴くためのアプローチの仕方や考え方の実際について述べています。認知症の人の事例を多く紹介して、その心情・心理の深い部分への洞察と考察を試みるなどの実践的で具体的な内容となっています。そして、適切なかかわりや支援ができるようになるために必要なことを、認知症の本人を通して私自身が学んできたことを提示しながら説明しています。また、いま注目されてきている認知症のピアサポートについても、当院での取り組みなどを紹介

しています。

　Part 3 では、本人を支えている家族や周囲の専門職にどうはたらきかけていくのかについて、できるだけ詳しく記述しました。

執筆を通して感じたこと

　本書の執筆を通して感じたことは、一つは認知症の人の内面を伝えていくことのむずかしさでした。客観的な状態や症状を説明するのは比較的やさしいですが、主観的で内面的な状況を説明するためには、工夫や努力がさらに必要です。認知症の人の言動や行動に、既存の症状や状態像を当てはめて説明するのは、容易で一見わかりやすいのですが、わかったつもりにさせてしまう恐れがあります。また、まわりから見える症状にアプローチすることが認知症ケアの目的ではなく、本人の心情・心理をしっかり理解してその部分をケアすることが重要です。ですから、本人の心の内面をできるだけ詳しく、わかりやすく伝えられるよう、私なりに尽力しました。

　次に、認知症の人やかかわっている自分自身に、私も含め専門職は本当に向き合えているのだろうか？　ということも改めて感じました。認知症の人は、人それぞれで、さまざまだとは思いますが、多くの場合、非常につらく苦しい状況を体験しているということを、ケアする側が十分に理解できているだろうか？　と思います。

専門職としてどう向き合っていくのか

　本書でも紹介する認知症の人の日記を読み、「認知症は自分が失われ、自分が自分でなくなっていくような恐ろしいものだ」と言ったスタッフがいます。認知症の人の苦悩の一部を理解できたのでしょう。認知症でない人がその苦しい体験の真実を本当に知ると、それは恐ろしいと感じてしまうものです。目を背け、考えないよう

にしたくなるかもしれません。それでも、専門職であるならその苦悩から目をそらさず、向き合っていく必要があるのではないかと思います。そして、本人のその受け入れ難い苦悩の状況がゆえに行動・心理症状（BPSD）が生まれる、その過程を理解していくことが求められているのではないでしょうか。

　また、何もしたくなくなり人とも会いたくなくなって閉じこもり、またときには「死んでしまいたい」と訴える人の背景には何があるのか、そういったことも知る必要があると思います。つらすぎる心情があるがゆえに何も語れなくなる人も多いですが、その心の状態も感じられる専門職になっていただきたいと願っています。その後押しができるようにと思い、できるだけわかりやすく、詳しい解説に努めました。

　一方、その強い苦悩の状態が和らぎ、いまの自分をある程度ですが受け入れられ、「認知症になっても自分は自分」と言う認知症の人もいます。そのよいほうへ変化し、立ち直り、復活する可能性の部分を感じ取ることができている専門職はまだ少ないように思います。死にたくなるくらいつらい状況から、生きる意味を再び感じ、見出して復活し、自分を取り戻してくる姿を拝見すると、人間の底力にはすごいものがあると感じます。その力を本書から感じとっていただければと思っています。認知症の人の、人としての深く強い「苦悩」と隠れた大きな「可能性」。この見えにくいものに、いかに気づき、そして向き合っていくのかが、私たちに問われているような気がしています。

2021年8月　大塚智丈

Part **2**　認知症の人の想いを聴く

Part 3　家族や周囲の専門職への はたらきかけ

認知症の人の心を知る

1 「支援」の前に本人の状況を理解する

1 なぜ認知症の人のケアがうまくいかないのか

　認知症の人にかかわる専門職では、まだまだ多くの人がそのケアや対応に困難さを抱えていると思います。認知症の人のケアがうまくいかない背景には大きな理由があります。そして、それは本来、改善できるはずのものだと私は考えています。

① 本人の視点に立つ

　大きな理由とは、直接、本人にかかわる私たち専門職であっても、まだ認知症の人の心情・心理を十分に理解できていないために、実際には本人の視点や立場に立てていないことです。そのためにケアに必要な気づきやアイデアが得られず、「認知症の人のケアはむずかしい」とあきらめてしまっているのです。しかし、本当に本人の視点に立つことができれば、私たちにも、さまざまな気づきが得られて、できることや変えられることが実はまだまだあるはずなのです。多くの専門職が、自分自身の成長の可能性に気づけていない状況は、とてももったいないと感じています。そして、その結果、本人ではなく、周囲の人の困りごとへの対応と身体的介護ばかりにエネルギーが注がれ、多くの専門職が認知症の人へのケアにやりがいを感じられずにいるという、非常に残念な現状があります。

　介護職の人手不足など、昨今の社会的な問題もあり、介護現場の職員は、たいへん多忙な状況にあります。「本人の視点や立場に立つことなどは、実際にはできない絵空事であろう」という意見や雰

囲気が、現場によってはあるかもしれません。しかし、本当にそうなのでしょうか？　もちろん、人手が増えなければできないことは多くありますが、その一方、人手が増えなくてもできることも、少なからずあると思います。

② 本人の心情・心理に関心をもつ

　また、組織のなかで自分だけが変わっても仕方がないと考えている人がいるかもしれません。しかし、認知症の人はまわりのだれ一人として自分のことをわかってくれないと感じ、そのつらさを長い間ずっと抱えていることが実は多いと思います。したがって、このような人たちにとっては、一人でも自分のことを理解しようとしてくれる人がいれば、それはとても大きな喜びとなり、つらい状況が大きく変わることになると思います。そして、その一人の存在が生きる希望、心の糧となる場合さえあります。それは、ケアを行う専門職として、また人としても、とても価値の高いことではないでしょうか。

　そして、認知症の人は、私たちにとっては何でもないような言動や態度に、喜び、あるいはつらさをしばしば感じています。専門職はそのことをよく理解する必要があります。この重要な、実はよくあるはずの事実を専門職が理解できていないことが、認知症の人の内面への関心の低さとも相互に関連し、認知症のケアレベルの向上を阻んでいるように感じます。したがって、あきらめずに、まずは本人の内的体験、心情・心理に関心をもち、知識を得て理解することの意義や価値を少しずつでも感じていきましょう。

　人手不足や多忙を理由に、新しいことを学び、挑戦することを避けてあきらめてしまえば、認知症の人の言動や行動の意味・背景がいつまでもわからず、根本的な課題解決ができないままになってし

まいます。理解のための努力から逃げ、本人の状態も悪いままという、自業自得のような状況が続くことになります。そして結局、その苦しい状況から抜け出すことも、やりがいや感動を得られる仕事にしていくことも、むずかしくなってしまうのです。

③ 「負のレッテル」をはがす

本人の視点や立場に立つことを阻害しているものには、介護の人手不足以外にも、私たち専門職の心のなかにしばしば存在する認知症の人に対する「負のレッテル」や、認知症の人の心の理解に必要な「知識の不足」があります。

「負のレッテル」とは、認知症の人は話をしてもよくわからないだろう、何かやろうとしてもできないだろうなどと決めつけたり、心のなかは理解できないと思いこんだりしてしまうことです。そして、能力低下などの「だめ」な部分ばかり注視し、本人の「可能性」やよい部分を感じることができないような見方をしてしまうことです。このレッテルの背景には、専門職自身の"あきらめ"の感情の存在もあると考えられます。

「知識の不足」については、心の内面を理解するためには、身につけておくべき心情・心理に関する知識があり、その習得がやはり必要ということです。また、これは「負のレッテル」の一因にもなっていますので、知識をしっかりと補っていく必要があります。専門職がこのような状況になっていることについては、認知症の人へのケア、特に心理的な部分への支援について、これまで十分な教育が行われてこなかった結果だと感じます。しかし、いまさらこれに苦言を呈しても仕方のないことです。したがって、今後は私たち自身が、十分な知識とそれに基づく理解のもと、一人ひとりの認知症の人の心情・心理の状況を把握し、理解していくことが大切です。これま

で抱えていた「負のレッテル」を、自らはがしていきましょう。

2 心の理解不足が BPSD の悪化を招く

　認知症ケアがむずかしいとされる最大の理由は、認知機能低下そ
のものである中核症状よりも行動・心理症状（BPSD）の存在や悪
化にあると考えられているのではないでしょうか。ある程度、経験
のあるベテランの専門職でも、その対応に苦労していることが多い
と思います。BPSD が悪化した際は、その BPSD の背景を考え、
理解することが重要といわれています。では、どのようにその背景
を考え、理解したり、把握したりしているのでしょうか。

① BPSD の悪化を招く要因
　BPSD の発生や悪化を招く要因は何かといえば、一般的には、①
身体的要因（薬の副作用も含む）、②物理的（環境）要因、③社会
心理的要因の 3 つに分けて考えられることが多いです。この 3 つ
のそれぞれについて、原因を探り具体的に考えていくことが必要と
されています。このなかで、①身体的要因と、②物理的（環境）要
因は、客観的に提示しやすく「見えやすい」要因であり、比較的把
握しやすく原因検索しやすいものといえます。一方、③社会心理的
要因はその逆で、まわりの人との関係性や本人の主観的体験など、
客観的にとらえにくく「見えにくい」要因といえます。その分、要
因、原因・背景を探るためには、その領域の十分な知識と理解、経
験などが求められることになります。
　認知症ケアの概念として代表的なパーソン・センタード・ケアで
は、BPSD とは、認知症の人が何らかの欲求をもっており、それを
伝えようとしている「ニーズと結びついたコミュニケーションの試

み」ととらえるべきである、と考えられています。そして、私たちはその人のメッセージをよく理解しようと努力する必要があるとされています。

　心の欲求の理解は、その人の言動・行動の背景にある心情・心理を理解することでもあります。周囲の私たちが、よく理解できない状態が続けば続くほど、本人の欲求は満たされずに不満が増大し、段々とより強いメッセージ、すなわちBPSDの増強・悪化へとつながってしまうのではないでしょうか。

② 自分の態度が自分に跳ね返ってくる

　相手が認知症でない場合でも、考えていることや心情がよく理解できなかったり、わかりにくかったりする人に対しては、配慮や尊重をしたいという気持ちが起こりにくくなることは否めません。とはいえ、考えや心情が理解しにくいために、その人の思いや感情を軽視したり無視したりしてしまうと、その態度や姿勢、気持ちは相手に伝わってしまい関係が悪化します。

　では、相手が認知症の人の場合はどうでしょうか。「どうせ忘れてしまう」「わかっていないから大丈夫」といえるでしょうか？実は重度の認知症の人でも、ある程度の人数であれば記憶が残っていて、どこのだれかはわからなくても自分にとってよい人か、よくない人かは顔を見て判断できるといわれています。ですから、介護や医療の現場でも、この人はよい人、この人は嫌な人という印象が本人の記憶に残ってしまうことが多いのです。すると、嫌な人に会えば当然ながら機嫌が悪くなり、易怒的にもなりやすくなるでしょう。したがってBPSDは悪化の方向へ向かいます。

　このように、支援する相手を人として理解しようとせず大切にしない態度は、その人が認知症の場合でも伝わり、いうまでもなく自

分に跳ね返ってくることになります。同じように、相手を尊重し大切にしようとする態度も相手に伝わるはずです。その「真心」は、認知症の人にも通じると思います。そうなるためにも、同じ「人」として、認知症の人の心情・心理に関心をもち、理解する努力を積み重ねていくことが大切です。

 心の理解不足が家族の負担感や否定的感情を生む

① 家族の不安

　本人の心情・心理を理解できていない状況は、普段からより密に接することの多い家族にも悪い影響を与えてしまいます。

　家族にもやはり不安が生じます。初期には本人の様子を見て、「このごろ変だな」「何かおかしい、前と違う」などと、戸惑いを感じ始めます。もの忘れにも気づき、「認知症になったのでは？」「いや、まだそこまで悪くないのでは？」などと考え、悩み、揺れ続けることも少なくないでしょう。

　そういった状況になると、家族は、本人のもの忘れ、勘違い・誤認、失敗やできなくなったところなど、ネガティブな部分ばかりにどうしても目がいってしまいます。そして、それらに対しての家族からの指摘や注意が始まり、くり返されるようになっていきます。

　もの忘れなどが増えることで家族の不安がさらに強まり、その一方で、本人の気持ちがよくわからないままでは、どうしても指摘や注意・叱責などが強くなっていってしまいます。それが本人の反発心やいら立ちを生み、指摘などに対して否定したり、立腹したりするようになります。そのことがさらに大きな家族の不安やいら立ちを生み、指摘や注意などがより強まるという悪循環になってしまう

のです。

　このようにして、家族と本人のストレスのぶつけ合いがくり返され、ずっと続いてしまうケースもしばしば見られます。そのぶつけ合いがエスカレートしてしまうと、当然、介護負担感も増強してしまいます。したがって、そうならないようできるだけ早い時期に、家族に対して本人の心の状況や本人と家族が陥りがちな上記のような状況について、わかりやすく説明する必要があります。家族に正しく理解してもらい、考え方、とらえ方や言動を修正してもらう必要があるのです。そのためにも、まず専門職がこれらの状況を正しく理解し、そして適切で、わかりやすい説明をするための技術や方法を会得しなければなりません。

② 介護に対する否定的感情

　ストレスが高まってくると、家族は思ったままの言葉で本人を否定し、気分を害するようなことを言ってしまうことが多くなります。人は相手からストレスを受けていら立ちを感じると、しばしばその相手のことを批判したり否定したりすることで、自分のストレスやいら立ちを和らげようとします。そして、よくないとわかっていても、くり返し言ってしまうようになります。しかし、言った後に、罪悪感、申し訳なさ、負い目などを感じることも少なくはありません。言うことでいら立ちは少し治まったとしても、否定的な発言をしたことは自分の心に残り、罪悪感などのネガティブな感情はそう簡単に消えることはないでしょう。

　それが介護の日々のなかで、くり返し続いていくと、その家族はどうなるでしょうか。介護がだんだんいやになり、それでも介護を続けていかなければならないという、非常につらい状況に陥ってしまうのではないでしょうか。専門職などによる適切な介入がなけれ

ば、最初はやさしさや思いやりをもってやりがいを感じつつできて
いた介護も、家族にとって自分をただ苦しめるだけのつらいものへ
と変化していく恐れがあります。介護への肯定的感情が否定的感情
へと変わっていくことになってしまうのです。

　家族の心のなかにも、認知症に対する悪すぎるイメージがあるこ
とがとても多いです。不安は情報や知識の不足による誤った認識や
思いこみでより強くなります。しかし、現在のところは、家族に必
要な知識を伝えるべき専門職の側にも、知識不足や説明力不足があ
ります。そのため、家族がその状態から抜け出せません。認知症の
人が急増しているいまの日本には、この現状を早く改善していくこ
とが求められます。家族も含め多くの人に、正しい理解が広まって
いくよう努めていきましょう。

心の理解が専門職自身の自己肯定感を生む

① 本人のニーズに沿ったケアができる

　認知症の人の心をよく知らないままに、BPSD など、周囲が困っ
たことに対応するだけの問題対処型のケアを続けていると、専門職
としての自分は、あまり役に立っていないということをどこかで感
じるようになるでしょう。「本人の役に立てていない」と感じなが
らでは、本当のやりがいや満足感が得られるとは到底考えられませ
ん。

　一方、もし本人の心を知って理解できるようになればどうなるで
しょうか。認知症の人に特有な心の状況を学び、知ることができれ
ば、一人ひとりの内面の体験、心情を想像したり、実感したり、追
体験したりしやすくなります。本人の心に、本来の意味で共感でき

る専門職へと成長していけるように思います。そして、その人の視点や立場に「立ったつもり」ではなく、本当に立つことができるようになるでしょう。それによってはじめて、本人の心、ニーズに沿ったケアができるようになるのではないでしょうか。

② 専門職自身の自己肯定感が高まる

　これまでは見えにくい部分であった、その人の心の苦悩と変化への可能性を感じ取ることができれば、その苦悩を和らげ、前向きに生きる可能性を引き出しやすくなります。それによって、認知症の人が変化し希望や意欲を感じるようになれば、その人生の再構築へ向けた支援ができるようにもなるでしょう。もし、これらのことができるようになり、本人の状態が大きく変われば、専門職にとっても大きな達成感、満足感、そしてやりがいを得ることになると思います。

　これまではできなかったこと、できるとは思ってもいなかったことができるようになり、専門職としても人間としても、自分の成長を強く実感できるでしょう。そして、いまの自分を自分自身が認められるようになり、専門職自身の自己肯定感が高まるのではないでしょうか。

コラム

私の失敗体験から

　もの忘れ外来を開設して 20 年近くになります。私の失敗については、「はじめに」でも少しふれましたが、開設当初は、2 度目以降の受診に本人が来ないことが珍しくありませんでした。またときには、「本人が家に帰ってから怒っていた」と聞かされることもありました。当時の私は、失礼なことを言った覚えもなく、その理由がよくわかっていませんでした。

　いま思い返すと、とても恥ずかしいことですが、当時の私は、認知症の人の心情や心理状況をさっぱり理解できていなかったのです。診察を受けている本人の心情に配慮せず、淡々と認知機能検査をしていたり、家族とばかり話したりしていたと思います。それによって、多くの認知症の人の自尊心を傷つけてしまっていたと思います。したがって、2 度目以降の診察に来なかったのも当然であると、いまでは思えます。

　その後の私は幸いにも、私自身の外来やメディア、書籍などを通して、本人の心の状況を聴いたり、示唆を与えてもらったりする機会を得られるようになりました。これらの体験から、支援者としての理解不足に気づかされるとともに、自分自身をふり返って、認知症の人にとっては、ほとんど役に立っていなかったこと、役立つどころか心を傷つけてしまっていたことを、情けなく、とても申し訳なく感じました。そして、認知症の人の体験や心情・心理に関心をもち、理解を深めようと務めるようになり、診察のやり方も変えていこうと思うようになりました。

2 認知症の人は 何に苦しんでいるのか

① 心の欲求が満たされなくなった A さんの事例

　認知症になれば、認知機能の障害により日常生活活動に支障が生じることになり、そのことで困ったり悩んだりするようになるでしょう。しかし、認知機能低下による生活障害とは別に、本人にとってつらいことがあるように思います。それは、人としての心の欲求が満たされなくなることです。そう感じさせる多くの認知症の人に出会ってきました。A さんもその一人です。

■A さん（60 歳代後半、男性、中等度アルツハイマー型認知症）

町の助役をしていたが、X － 5 年ごろより行事のスピーチが自分でつくれなくなった。X － 4 年、身体疾患で入院したところ、他人のロッカーを開け、他人の下着を着たり、日付が全くわからなくなったりした。同年 9 月、心療内科にてアルツハイマー型認知症と診断され抗認知症薬投与開始。告知も受けた。

翌年 5 月退職。その後も徐々に認知症が進行し、X － 1 年ごろより、被害妄想、暴言、暴力など BPSD が著明となる。X 年 7 月当院精神科初診。妻によると、精神安定剤（抗精神病薬）をもらったが、暴言、暴力などの行動は続き、全くよくならなかったとのこと。しかし、あるときだけそれがピタッとなくなったという。それは、町のオンブズマンが、A さんが認知症であると知らずに、町の元助役ということで意見を聞きにきた後のことだった。よかったのはそのときだけだったとのこと。

① エピソードから想像する A さんの苦悩

　このエピソードをどう解釈しますか？　薬が効かずに何が効いたのでしょうか。

　A さんは、私が勤める病院をはじめて受診したときには、すでにアルツハイマー病の中等度に至っていました。市町村合併前の町の助役をしていましたが、当院を受診する 5 年ほど前に発病し、その後、徐々に認知症が進行してきました。そして、1 年ほど前からはもの盗られ妄想、暴言、暴力、徘徊などが顕著になり、家族の対応も大変になってきたため、認知症疾患医療センターである当院へ紹介され受診となりました。診察時に妻の話のなかで、「あれっ？」と感じるようなことを聴くことになります。それが先のエピソードです。

　「ほかの病院でいろいろとお薬を出してもらったのですけれど、暴言や暴力は全然よくならなかったんです。でもあるとき、不思議なことに、それがピタッとなくなったことがありました」と、妻が本当に不思議そうに話しました。「それはどういうときですか」と私がたずねると、「町のオンブズマンさんが、夫が認知症になっていると知らずに、行政改革のことなどを質問に来たのです。その後だけ、ピタッと症状がなくなったのです」との返答でした。「このエピソードをどう理解し、どう解釈すべきか？」当時の私はとても考えさせられました。

　まず、オンブズマンが来るまでの A さんの苦しみについて考えてみましょう。暴言や暴力がずっと続いていたということは、だれかや何かに対しての怒りやいら立ちなどの感情や苦しい思いが持続的にあったということでしょう。では、その怒りやいら立ちなどの感情が生じる背景には何があって、何が本人を苦しめていたのでしょうか。Part 1 の 1 でも述べましたが、本人には伝えたい何ら

かの欲求があり、BPSDによってそのメッセージを伝えようとしていた、というとらえ方もできます。では、何を伝えようとしていたのでしょうか。

　Aさんの場合もそうだと考えられますが、認知症の人はもの忘れが始まり、勘違いや失敗、できないことが増えると、周囲へは話さなくとも自分では「何かおかしい」と感じはじめ、戸惑い、不安が高まってくることが多いといわれています。それと同時に、自分自身に対するもどかしさ、情けなさ、いら立ちも強まっていきます。そして、これまでの自信がゆらぎ、低下していく状態になると、「まわりからバカにされているのではないか」などと悪いほうへ考えてしまい、勘違いや思い過ごしをしがちになります。

　周囲からの自分への見方に対する猜疑心（「自分のだめな部分ばかり見ようとしている」など）も生じてくるでしょう。そのうえ、家族など周囲からもの忘れやできなくなったことに対する指摘や注意を受けると、情けなさやいら立ちなどをいっそう強められ、自尊心をさらに大きく傷つけられることになります。その結果として、周囲への強い怒りの感情、攻撃性が生じ、暴言や暴力が出現してくると考えられます。このようなつらく苦しい状況がAさんにも生じていたのではないかと想像できます。

② 「オンブズマンの訪問」の意味

　では、オンブズマンの訪問により、それがどう変わったのでしょうか。BPSDが悪化した事実からその背景を探ることはよくありますが、逆によくなった場合もそのエピソードが大きなヒントとなり、その人のニーズについての理解が進められることがあります。Aさんの場合もそうでした。

　オンブズマンは、Aさんが認知症であるとは知らずに訪れたので、

以前の本人へ接するのと同じような態度でかかわったようです。そのことが、以前の自分と同じように「自分が認められる体験」となったのではないかと想像します。一見、何でもないようなオンブズマンの行動ですが、Aさんにとってのその行動の意味・価値は、まわりの人が考えるよりはるかに大きかったのでしょう。そこにはよりよいケアや支援につながる大きなヒントが隠れていると思われます。ですから、その意味・価値を理解することは、周囲の人や私たち専門職にとっての意義も大きいといえます。

③ Aさんが言葉で語った苦悩

　Aさんについては、幸運なことに、これまでのつらい気持ちを自らの言葉で直接、語ってもらうことができました。

■Aさんの声（数回目の受診時）

私　　：「ご病気になっておつらいことは何ですか」
Aさん：「何がつらい言うて、まわりの者がいままでと同じように接してくれんようになったんがいちばんつらいですわ」

　本人からこのようにはっきりと聞いたのは、私としてははじめての体験でしたので、そのときの状況がいまもしっかりと記憶に残っています。この小さな体験が当時の私にとって、とても大きな学びとなり、私の診療に大きな変化をもたらしました。
　このときAさんは、まわりがいままでと同じように接してくれないこと、以前のように自分を認めてくれないこと、相手にされなくなったことなどを、ポツリポツリと語りました。その口調や表情からも、自尊感情が深く傷つき、疎外感や孤独感も強く感じてきた

様子を感じとることができました。「これまで通り、同じ人間として仲間はずれにせず、以前と同様に認めてもらいたい」という心の欲求をＡさんから直に感じることができました。

　そして、だれかの何かの役に立ちたい、役に立って感謝されたい、必要とされたいといった心の欲求も、助役をしていたときとは違い、全く満たされない状態が続いていたのではないかと思うのです。その状態が長い間、放置されていましたが、行政改革についての質問をするためにオンブズマンが来ることで、こういったニーズがたまたま満たされたとき、そのときだけ BPSD がピタッとなくなったと解釈しました。

　一方、妻は「認知症が悪くならないようにしたい」とよかれと思って、間違いやできていないことなどへ助言や指摘、指示をくり返したようです。妻にも大きな不安があったのでしょう。しかし、そのことが、逆に能力の低下や役に立たないということをＡさんに思いしらせ、ネガティブな感情を増大させて認知症の症状を悪くさせてしまいました。Ａさんにとっても、さらにつらい状態を生むことになりました。

④ 隠れた苦悩を感じ取る

　妻はＡさんの悪いところを、オンブズマンはよいところを見ていたというだけの単純な違いなのに、なぜ、このように大きく変わるのでしょう。やはり、認知症の人は周囲の人に対して、非常に敏感であると感じました。

　Ａさんの怒りの背景や孤独な心の内面は、妻も含め周囲のだれにも理解されることはありませんでした。認知症の人はつらい思いを心の内側にもっていて、さらにそれをだれにも理解してもらえないという二重のつらさ、苦悩を抱えていることが少なくないと感じま

す。もし、私たち専門職がそのつらい気持ちを感じとることができれば、そして、さらにそれを代弁できれば、２つ目のつらさは和らげることができるのではないでしょうか。

また、よくない状態の人でも何らかのニーズが満たされれば、よいほうへ大きく変わることができるという「可能性」、そして認知症が中等度の人でも想いを言葉で説明できるという「可能性」があることを、Ａさんから学ぶことができました。これらの「可能性」をだれも理解できず放置されていたことが、易怒性など BPSD が続いてきた要因の１つといえるかもしれません。

Ａさんの場合と同様に、本人の言葉や表情、様子などから、隠れたつらい思いや苦悩を感じとることは、私たちが努力すればどの職場でも可能ではないでしょうか。むずかしいとあきらめず、チャレンジしていきましょう。そして、その努力と経験を積み重ねていくことで、多くの専門職が自分を変え、成長させていけるでしょう。

認知症の人の苦悩①
――能力低下による生活障害

認知症の人にとっての苦悩は大きく２つあると考えています。１つは、①能力低下による生活障害、もう１つは、②対人的欲求が満たされないことです。

認知症の人は認知機能の低下に伴って、日常生活にさまざまな支障をきたすようになります。通常、買い物、調理、掃除、洗濯などの手段的 ADL（Activities of Daily Living：日常生活動作）から障害されていきます。認知症が進んでくれば、食事、排泄、着替え、入浴などの基本的 ADL も低下していくことは、専門職であれば理解しているでしょう。

これらの障害により、もちろん生活が不便となり、認知症の人は日常の暮らしのなかでとても困り、悩ましい状況になります。この状況に対しては、家族や周囲の人、介護保険などによるさまざまな支援やサービスが必要になってきます。また、日常生活活動において失敗しにくいような工夫や環境づくり、障害の進行ができるだけ緩やかになるようにリハビリテーションや薬などの利用も必要であろうと考えられています。今後も、支援を充実させていくための研究や実践の積み重ねが求められます。これらの多くは目に見える形の支援です。

　ほかの障害と同様に、認知症の人の日常生活においても、地域での「生活」のバリアフリーの進展を図る必要があります。これは「認知症バリアフリーの推進」として、2019年に政府から出された「認知症施策推進大綱」にも盛りこまれています。一方、「認知症バリアフリー」という言葉のなかに本来あるはずの、「心のバリアフリー」の部分は大綱でも明確には提示されていません。

　「心のバリアフリー」は、目に見えにくいものですが、本人のケアをするうえでは非常に大切なものです。

認知症の人の苦悩②
——対人的欲求が満たされないこと

① 生きる意味や価値に影響する

　認知症の人の苦悩には、能力低下による生活障害以外にも、認知症の人にかかわるうえで知っておくべきことがあります。それが、対人的欲求が満たされないこと、もう少し広くとらえれば、普通の人間としての心の欲求が満たされないことです。まわりの人からは見えにくく気づかれにくいものですが、でも本人にとっては生きる

意味や価値に大きく影響します。その苦悩について、これまで私は多くの当事者から学んできました。

　例えば、「いままでと同じように認めてもらえない」「相手にされなくなった」「必要とされなくなった」「バカにされる」「叱られる」「のけ者にされる」など、周囲との対人関係における関係性の変化の自覚（変化を感じること）、あるいは自己評価悪化による変化への過剰な認識が、本人を強く苦しめていて、Aさんのように BPSD にもつながっていることを感じます。

　昔の私は、「能力低下による生活障害」ばかりみていて、対人的欲求が満たされないことによる苦悩について気づきや関心がなかったというのが、認知症の人にかかわるなかでもっとも反省させられたことでした。認知症の人に医療としてできることは薬以外にはあまりないと勘違いし、そう思いこんで自らの認知症医療にも負のレッテルを貼っていたのです。その勘違いに気づかせてくれたのも当事者の言葉でした。

② 心の欲求の充足

　この心の欲求の充足も、もちろん当事者本人の努力だけでは困難であり、家族など周囲の理解と協力やそのための専門職の適切な関与、介入が必要です。しかし、以前の私のような、本人の心の欲求に対する関心が乏しい専門職がまだ多く、例えば介護支援専門員（ケアマネジャー）でも、家族のニーズを優先し本人のニーズは後回しという現状が、いまだにあるのではないでしょうか。このため、現在も、本人の心の欲求へのアプローチは多くの現場でほとんどできていないというのが大きく懸念されるところです。

　また、家族のニーズを優先し本人の欲求は後回しにすることは、長い目で見れば、本人だけでなく家族も苦しめてしまうことにつな

がっています。遠回りでも、本人のニーズをしっかりととらえて応えていくべきです。

　認知症が「なったら終わり」「死んだほうがまし」などと言われ、過度に恐れられる要因としても、実際は、「能力低下による生活障害」よりも「対人的欲求が満たされないこと」の影響のほうが大きいのではないかと思います。能力低下も不便で、とても困りますが、より強い苦悩、自己と周囲の両方への否定的感情を本人にもたらし、生きる希望を失い絶望を感じさせてしまうのは、おそらく「心の欲求が満たされないこと」が要因でしょう。そのために自暴自棄となり、本人、そして結果的に周囲の人も苦しむことになるのです。この意味でも、今後はこちらにも関心を向けていき、改善の方法を探っていく必要性を強く感じます。

　また、心の欲求へのアプローチはまだあまり目が向けられていないということもあり、私たち専門職の努力によって変えられるところであり、ケアとして役に立てる伸びしろが実はたくさんあると思うのです。本当に大切なことは見えにくいものです。人として生きるために大切なことを支えていけるように、目には見えにくい心の欲求を十分注視し、私たちがどのようにかかわり、支援していけるのか、少しでも満たしていくにはどうしたらいいのかを考え、悩んでいくことが大切だと思っています。

人間の基本的欲求について
（マズローの欲求5段階説）

　心理学者のアブラハム・マズロー（1908〜1970）は人間の欲求の5段階説を唱えました（後に6段階）。マズローの心理学は「人間性心理学」と呼ばれ、人の主観的な体験、心の動きを重視して人間の心を理解しようという立場に立っています。

　当然ですが、認知症の人もそうでない人も同じ人間です。人間の欲求や心理について学び、知識を得て、その側面から認知症の人の欲求（ニーズ）や内面を理解していくことが大切で、また実はそのほうがわかりやすいと思います。そこで、認知症の人の心の理解を深めるために有用な「マズローの欲求5段階説」について少し説明します。

　これは、人間の欲求には5つの段階があるという心理学の学説です。マズローが「人間の基本的欲求」と呼ぶものには、低次の欲求から順に以下のものがあります。

　①生理的欲求、②安全の欲求、③所属と愛情の欲求、④承認（自尊）欲求、⑤自己実現の欲求。

　これらの欲求は、図のようにピラミッド状に順序立てられて、ピラミッドの下側の低次の欲求が満たされると一つ上の欲求を満たそうとするようになるという考え方がこの説にはあります。実際には必ずしもこの順の通りにならない人もいるとは思いますが、一般的には概ねこのような順序になると考えられています。

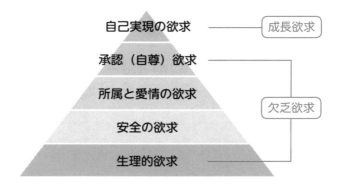

個々の欲求については、以下のように説明されています。

①生理的欲求：3大欲求である食欲、睡眠欲、性欲のほか、排泄、呼吸、飲水などへの欲求があります。生き物としての人間のもっとも基本的な欲求で、生命を維持するためにも必要なものであり、これがまず満たされることが次に進む前提となります。例えば、空腹感や眠気が強いときにはまず、食べたり寝たりしないと、ふつうはほかのことをしたいという気持ちにならないと思います。

②安全の欲求：生理的欲求がある程度満たされた状況では、次の段階である「安全の欲求」を満たそうとするようになります。これは身の安全や身分、生活面での安定、保護され安心できる状況などを求める欲求です。不安や混乱から逃れたいという欲求もこれに含まれます。認知症の人は不安が強くなる場合がしばしばあります。したがって、適切なかかわりがないとこの欲求が満たされず、強い欠乏欲求として存在することが少なくありません。

③所属と愛情の欲求：家族、友人・仲間、組織など何らかのグループ、共同体の一員として所属し、周囲から温かく愛情をもって受け入れられたいという欲求です。だれしも孤独な状況や疎外され放置された状態で生きていくことには、大きなつらさや困難を抱えるで

しょう。それを避けたいと思うのが当然です。しかし、認知症の人と一緒にいるときに、「どうせわからないから」などと考え、目線を送り話しかけるのを躊躇したりあきらめたりしていないでしょうか。そうすると、この欲求が充足されなくなり、より一層強まるでしょう。

④承認（自尊）欲求：何らかの社会的な集団や組織に所属するだけではなく、そのなかで周囲から認められるようになりたい、あるいは自分で自分を認められるようになりたいという欲求です。人は、自分の能力や実績などによって、他者からほめられ評価され認められること、および自分に自信や誇りをもてるようになることを求めるでしょう。認知症の人もこれが満たされないと、焦りや憤り、自信・意欲の低下などが生じてくると思います。

⑤自己実現の欲求：①から④のすべてが満たされると、次に出てくるのがこの欲求とされています。自分が本来もっているもの、個性や特性などを活かし、より自分らしく生きようとする欲求です。潜在的にもっているものも発掘して、自分がなり得るものになろうとする欲求です。認知症の人も、はっきりと意識はしなくても、残されたあるいは眠っている能力や個性の活用を望んでいると思います。そして、人生の再構築を行い、自分らしく人生を楽しんでもらいたいと思っています。「人生の再構築の権利を有している人」であることも承知してほしいです。

この説は人間が成長していく過程をイメージして唱えられたものですが、①から④を「欠乏欲求」、⑤自己実現の欲求を「成長欲求」と分類しています。また、これらの5つの欲求の上に6番目の欲求として、「自己超越の欲求」があるといわれています。これは、マズローが後年に追加したもので、さらに高次の欲求です。自分を超え、見返りを求めず他者や社会に貢献したいという欲求で、至高体験という人生でもっとも幸福で充実感を感じる瞬間の体験をもつことに

なります。アドラー心理学で、幸福の3条件のなかに「貢献感」というものがありますが、それと重なるものではないでしょうか。

　この説で指摘されている一つひとつの欲求については、認知症の人も同じ人間として同じ欲求をもっていると思われます。しかし、認知症の人は自分一人の力では満たされないことが非常に多くなっています。したがって、周囲がその欲求の不充足状態に気づき、その欲求を満たすための援助の方法を考え見つけていくことが必要です。それをせずに放置すると、これらの欲求はより強くなっていくのが普通です。すると、本人の状態は通常、悪い方へ向かうことになります。

　BPSDは、認知症の人がもつ欲求と結びついたメッセージであるといわれています。そのメッセージの背景には、この人間としての欲求が根底にあるということでしょう。「人間の基本的欲求」について学ぶことは、認知症の人の大きな苦悩を理解するのに、とても有用で重要であると思います。しっかりと学んで理解し、ケアや支援に活かしてほしいと思います。

3 「認知症の人には 病識がない」 という誤解

1 病状を自覚し、不安な心情を メモしていた B さんの事例

■ B さんのメモ

6月30日

　スーパーで駐車した所がわからなくなった。

　今日は午前中なので東側の方が日かげなのでと思っていたが、

　出て来て東側をよく探したが見つからず、

　夕方にいつも置くところにあった。不思議な事。

7月12日

　一日中のトイレは8割洋室型を利用する。

　洋室は入ったらくるりとまわるが

　和式は入ったままの方向でよいのにふと気がつくと

　まわって利用していた。

　こんな事ははじめてなので自分ながらおどろき不安な想いでいっぱい。

7月19日

　予約してあった○○総合病院帰りに

　△△薬局にて薬を入れた袋を前に薬剤師と話をしているとき、

　ふとサイフを手に持っているのに気づいた。

　代金をと言うと「いただきましたよ」との声、

　「ハア」と言って周囲の空気が熱くなった気がした。

何事も再確認の日々、戸締まり、水道、電気、持物、
すべてにわたって見なおしてから出かけるようになった。
のし袋、黒、白の包み袋は再確認では気がすまない
自分自身を信用できない人間になった。

　Bさんは、ごく初期のアルツハイマー型認知症です。認知症の人
には病識がないとよくいわれますが、Bさんの場合は、自分の記憶
の誤りや消失など、能力低下についての体験とその際の心の動きに
ついて詳細に記録しており、症状への自覚ははっきりしています。
本人にとって、不思議な、驚きの、あるいは非常に恥ずかしい体験
が示されています。

① 自身の変化に過敏になっている
　7月12日のトイレに関する記述では、「和式は入ったままの方
向でよいのにふと気がつくとまわって利用していた。こんな事はは
じめてなので自分ながらおどろき不安な想いでいっぱい」と書かれ
ています。私たちがうっかりして、またはぼんやりしてこういうこ
とをしてしまっても、このように不安でいっぱいになったり驚いた
りするでしょうか。おそらくそうならないと思います。「アハハ」
と笑ってすませられる程度のことでしょう。しかし、認知症になれ
ばBさんのように、ささいな失敗でもそうではなくなっていくと
思われます。ということは、自分の病的変化に認識がないどころか、
逆に敏感になっているということです。
　このように、認知症の人は日常生活のなかで失敗体験をくり返し
ていて、くり返す度合いが多くなると、「自分はおかしいのではな
いか」とだんだん不安を強く感じるようになってきます。すると、
ちょっとしたことに対してもすごく敏感になってしまいます。不安

が強いためにささいな失敗でも「私はおかしい」とショックを感じるようになっていくということだと思います。

　この心理的な変化は、これらの過程を知っていれば、理解できるものでしょう。しかし、多くの認知症の人は、Bさんのようには自分の体験や気持ちを周囲に伝えることはありません。したがって、この心のなかの変化の過程と理由を理解しておかないと、外面的なところだけを見て「どうしてそんなささいなことで動揺するの？」と不思議に思うことになります。これでは、認知症の人の心情・心理は全く理解できませんし、不安を和らげていくようなよいケアをすることもむずかしくなります。

　そして、このような状態の認知症の人が、まわりからささいな失敗を指摘されたら、驚いたりショックを受けたり、人によっては怒ったりするようにもなるでしょう。認知症の人は、しばしばこのような状況になっているのではないかと思います。そして、家族からの指摘や注意がくり返されると、家族は助言や励ましのつもりでも、本人はさらにいら立ちが強くなり怒りっぽさが増えたり、あるいは気分が落ちこみ意欲や元気がなくなったりすることも多くなります。

　これらは、外面的に見る「認知症による易怒性、抑うつ、意欲・活動性低下」ですまされてしまっていることが多いと思いますが、客観的な症状を当てはめることより、その人の心の変化の過程や背景を知っていくほうがはるかに重要で役に立ちます。

② ショックを受け、恥ずかしさを感じている

　次の7月19日は、薬局で薬剤師と話をしている場面です。ふと財布を手に持っているのに気づいてお金を払おうとして、「代金を」と言うと「いただきましたよ」と勘違いを指摘されました。支払い

をしたことを忘れていて、「ハア」と言ってまわりの空気が熱くなった気がしたと書かれています。薬剤師も何気なく言っていると思いますし、認知症でない人であれば、先ほどと同様に「うっかりしていた」ですむことでしょう。しかし、このメモに書かれているということは、ショックな体験であったということです。

　Bさんの場合、怒ることはありませんでしたが、もしこれと同様の体験を趣味の集いやサロンなど交流の場でしていたら、恥ずかしくなって行くのをやめてしまうかもしれません。しかし、そういう場合でも、医療や介護の現場では単に「認知症による意欲・活動性の低下」として、片づけられていることがまだ多いのではないでしょうか。それですませてしまえば、病気だから仕方がないとあきらめてしまい、何もすることがないように見えてしまいます。本当は何かできることがあるはずなのに。

③ 自分の状況をよく理解している

　認知症の人にみられがちな、ささいなことで怒るようになったり、喜んで行っていた交流の場などに、さまざまな理由をつけて行かなくなったりするということの背景には、Bさんの体験に似たものがあるのではないかと思います。ということは、認知症の人は日常生活のなかでショックな体験をくり返し、非常に敏感で傷つきやすい状態になっているのだろうということです。このことを私たちはしっかりと理解して、その心情に配慮していかなければならないと感じます。そうしなければ私たちの支援は失敗する、というくらいの気持ちで今後はやっていきたいものです。

　メモの最後のところでは、確認をくり返さないと心配になり「自分自身を信用できない人間になった」と書かれています。自分を信用できなくなってくると、人間というものは猜疑心が起こりやすく

なるとも言われています。ですから、「バカにされているのではないか」と思ってしまったり、「自分を横に置いて、何でも決められてしまうのではないか」「勝手にお金を使われてしまうのではないか」などと被害的になったり、疑念が浮かんできやすい状況にもなりがちです。こういった心の動きや背景が、もの盗られ妄想などのBPSDにも関連が大きいと考えられています。このような認知症の人に特有の心理的な動きがあることを知って、認知症の人の言動や行動の背景を探り、理解していく必要があると考えます。

　認知症の人は自分の状況について、実は私たちが考えているよりも、ずっとよくわかっていて、初期のころから強い不安やつらさを感じていることがあるということを、まず理解してほしいと思います。

2 病識がないように見える理由 ——心理的防衛機制

① 「認知症だから」で片づけてしまう前に

　Bさんのように、もの忘れなどを自ら打ち明ける人は実際には少数であり、通常、認知症の人は自分の症状（失敗行動など）を認めようとしないことが多くなります。そのため、家族などまわりの人からは病気や症状に対する認識が、ほとんど、あるいは全くないように見えてしまいます。そして、例えば、できていないのにできていると言ったり、事実と違うことを指摘されても認めなかったりという様子から、「認知症で自覚がなくなった人」「簡単なこともわからなくなった人」といった負のレッテルを貼られてしまうことがよくあります。

　確かに、記憶障害のため事実の認識が困難になる点はあります。

しかし、それだけでは、認知症の人にしばしばみられる「強固に認めようとしない態度」は説明がつきません。それがなぜ生じるのかをさまざまな方向から考えてみるべきです。

　認知症の人の言動・行動の理由を考える際に、「認知症だから」「何もわからなくなった人だから」などと簡単に決めつけて終わらせてしまっては考える意味がないと思います。以前は素直に過ちを認めるような人であっても、そうでなくなることが少なくないともいわれています。では、それはなぜなのでしょうか。記憶障害など、認知機能障害以外で、自覚や病識がないように見せてしまったり、失敗を認め難くなったりする理由は、どのようなものでしょうか。

② 心理的防衛機制

　人は認知症でなくても自信や余裕がなくなると、小さなミスを指摘されただけで自分を否定されたように感じてしまい、言い訳をするなど自分の誤りを認めにくくなるものです。これは心理学では「心理的防衛機制」といわれるもので、人間ならだれにでも生じるものです。受け入れ難い状況になった際に、それによる不安を軽減しようとする心理的メカニズムです。

　認知症の人の場合は、強い不安を生じる状況に置かれることが多いため、その分この防衛機制が強くはたらくようになると考えられています。もちろん、認知症の人には隠れた心情があり、それによって意図的・意識的に、強固に認めない場合もあります。それについては後述（p49参照）しますが、ここでは「心理的防衛機制」について説明します。

　認知症の人は、もの忘れや失敗をくり返すようになると、はじめは自分でもおかしいと感じてくり返さないよう努力します。しかし、いくら努力しても簡単なことを忘れたり失敗したりすることが

多くなると、不安が非常に強まってきて、変化する自分の状態を受け入れられる心の限界を超えてしまいます。

　すると、受け入れ難い状況で心の安定を保つために、「歳のせいだから、たいしたことない」「できることはまだまだ、いろいろとやれているから大丈夫」などと、もの忘れや失敗を過小評価したり、考えないようにしたりするようになります。これは、不安を高めるような、自分にとって不都合なことは、意識のなかに浮かんでこないようにするという心の機能（心理的防衛機制）がはたらくようになるからです。心理的防衛機制は、意識的ではなく無意識にはたらくものですので、通常、本人には隠そうとする意図も意識もない状態です。そして、その結果、失敗などの不都合なことを認められなくなり、本人には悪気はなくても、周囲からの指摘や助言にも否定や拒否をするようになるのです。これは「認知症だから」というよりは、非常につらい限界状況のなか、認知症ではない人にもある「心理的メカニズムによって」自分の心を守るために起こっているということなのです。

　もちろん、このような「心理的防衛機制」がすべての認知症の人にいつもはたらいているというわけではないですが、不安があるため、強弱はあっても多くの人に生じていると考えられます。認知症の人は「自覚がない」とよくいわれますが、実際はそうではなく、この防衛機制がはたらいているために、そう見えることが多くなるということではないでしょうか。そして、いつもは無意識のなかに押しこめて、不安も抑えているけれど、ときどき、押しこめたものが意識のなかに出てきて、あるいは出てきそうになって不安な状態になる、という状況をくり返している人が多いように思います。

3 　本人が最初に「何かおかしい」と感じている

① 早期診断・早期絶望という現状

　近年、もの忘れ外来の初診の際に、認知症と診断された人で「置いた物がどこにあるかわからなくなって、不安でもういやになる」「日時が思い出せないので書いて貼っても忘れてしまって、情けない」などともの忘れについて自ら話をして、つらい感情も吐露する人が増えてきています。一方、現在も、「認知症の人は何もわかっていない」と考える人は、世間、あるいは専門職のなかにもまだまだいると思います。

　Bさんの場合もそうでしたが、認知症の始まりに気づくのは、やはり本人自身であると考えられています。精神科医として多くの認知症の人を診てきた都立松沢病院の斉藤正彦名誉院長も専門誌で、次のように述べています。「アルツハイマー病をはじめ、ほとんどの疾患において、認知症の始まりを最初に認識するのは患者自身であるというのは、精神科医としての筆者の確信である」[1]。私もこれと同じように思っています。しかし、現実には、医師が診断して薬を出した後は、本人の心の内面の部分にアプローチすることなく、放置していることがほとんどという非常に残念な状況があります。不安な状態の人が心の葛藤や混乱があるのに、その想いを聴いてもらえず、放っておかれるため、さらに不安定になることが多くなります。その状況を表現する、「早期診断・早期絶望」や「空白の期間」といった認知症の人からの言葉もあります。

　これは、本来は最優先に解決すべき課題となる状況ですから、何とかしなければと強く感じます。しかし、簡単に解決できることではありません。また、「やれることがない」「どうやっていけばいい

のかわからない」などと、認知症という病気だけでなく、認知症の医療や介護にも「負のレッテル」を貼ってしまって、本人にも専門職自身にも変わる可能性を感じられていない、という解決云々以前の状況もまだあります。

② 本人が最初に異変に気づき、認識も継続する

　一般的には、初期の段階で、自らもの忘れや、不安や戸惑いなどの気持ちを語ろうとする人がまだ少ないので、依然として周囲の人にはわかりにくいことが多いという点は否めません。しかし、最近は認知症の初期に受診する人が増えてきており、自らの希望で病院に来る人もまれではなくなっています。したがって、本人から、日々の生活のなかでどのような体験をし、どう感じているのか、以前とはどう違うのかなど、その人の体験や心情などを聴くことができる機会が以前より増えてきました。そのことによって、認知症の人の心の世界が少しずつ広く深く見えてくるようになり、言動や行動の背景もその多くが理解可能であることがわかってきています。

　認知症になるまではもの忘れをよく訴えていても、認知症に移行した後には前述の心理的防衛機制がはたらくなどして、訴えが減ったり訴えなくなったりする人が確かに多くいます。また、認知症が進行してくるとそのような人が多くなるでしょう。しかし、これらの場合でも「前の自分とは違っている」「まわりの人とはどこか違う」などという違和感のような感覚があるといわれています。心理的防衛機制がはたらいても完全には症状を無意識化、抑圧できていないことが多いでしょうし、認知症が進んでも記憶や判断力などをすべて、完全に失うわけではないだろうと思います。

　このように、本人が最初に自分の異変に気づくことが多く、その後もある程度の自覚、認識は保ち続けられるということです。それ

は、認知症や心理的防衛機制の程度、言葉による思いの表出の有無などにかかわらず、多くの認知症の人に多少なりとも認められることだと考えられます。

認知症の人は周囲にも自分にも もっとも敏感である

　認知症の人には、「何だかおかしい」という自覚があり、多くの場合、最初に気づくのは本人です。

　当然ながら認知症の人にも自尊心や羞恥心がありますので、気がついていれば、自分の「おかしい部分」に対しては敏感になります。そして、認知機能面での変化に対しては、認知症に対するネガティブなイメージがあれば、それを知られたくないという気持ちを通常以上に感じるようになり、さらに敏感になります。もちろん、敏感さはもともとの性格や過ごしている環境によっても異なってきますが、認知症のネガティブなイメージの程度が強ければ強いほど、より敏感になるでしょう。そして、その敏感さから周囲の目を非常に気にするようになり、また自分の変化に対しても、ささいなものでも心の動揺が大きくなり、不安をしばしば強く感じるようになってきます。その不安の強まりがさらに敏感さを強めるといった悪循環になるということもあると思います。

　家族など周囲の人にとっては、このような認知症の人の敏感さについても、本人があまり気持ちを語ろうとしないため、非常にわかりにくい状況に置かれています。ぼーっとしているような様子などからは、周囲にも自分に対しても「鈍感」に見えるかもしれません。しかし、これまでにも述べてきたように認知症特有の体験をしている場合が多く、自信が低下していくことでとても敏感になり、自尊

感情が傷つきやすい状態になっていることが少なくないのです。そのため、こちらに悪気はなくとも、私たちの何気ないささいな言葉や表情・態度によって、気づかない間に傷つけてしまっていることがしばしばあるのです。そのことに気づいていくことが、認知症の人とかかわる多くの専門職に求められるのではないでしょうか。

　認知症の人と信頼関係を築き、適切なケアや支援ができるようになっていくためにも、本人の敏感な部分をしっかりと理解して、そこに十分配慮していくことが重要です。本人のこのような状態を知らなければ、私が最初のころに体験した、「2度目の診察時に本人が来ない」という失敗と同じような状況が続くことになってしまいます。そんな私が言うのもなんですが、このような状況は専門職として本来、恥ずべきことであると思います。

日記に綴られた認知症の人の想い

· ·

　高橋通夫さん（69歳）は、アルツハイマー型認知症で当院に通院しています。

　2015年ごろ（63歳ごろ）より、以前とは違う自分自身の「異変」を感じるようになりました。その年の秋、専門医を受診し抗認知症薬が処方開始されましたが、2か月後には本人の希望で県外の専門医に転院。そこで4年以上通院治療をした後、2020年4月、当院精神科に通院するようになります。当院初診時には、認知症は中等度に進んでいました。初診からしばらくは、自身の認知症をなかなか受け入れきれない様子が見られていました。

　同年7月、高橋さんは奥様とともに当院オレンジカフェにはじめて参加し、認知症の当事者で相談員の渡邊康平さんのピアカウンセリングを受けました。その後も、ほぼ毎回オレンジカフェに参加し、ピアカウンセリングやほかの参加者との交流を重ねていきました。ピアカウンセリング場面では、参加当初は渡邊さんの体験談を一歩引いたような姿勢で聞いている場面が多かったのですが、回を重ねるごとに自身の経験や不安を抱いていたころの想いを語るようになりました。

　主治医（院長）からの打診を受け、2020年12月より渡邊さんの補佐役として相談員補佐（非常勤職員）となりました。そして、ピアカウンセリングで自身の体験を話したり、本人の話を聞いたりすることで、現在は同じ病気に悩む人たちの心理的サポートを行っています。

あるきっかけがあり、高橋さんの日記を読ませていただく機会がありました。日記には、自身の認知機能低下によるつらさや不安について、高橋さんの心情がありのまま書かれており、認知症当事者の心情・心理を理解するうえで非常に学びの多い内容でした。高橋さんに、認知症の人の心情・心理を学ぶ教材として使わせていただきたい旨をお願いすると、快く了承をいただけたため、紹介します。

2019 年 4 月 22 日

4月22日(月)

ゴールドエッグへ卵回収の仕事に行く。会社の建物はつぎはぎだらけの建物で、私にとっては正に迷路に潜り込んでしまった感じである。
病気のせいかどうかわからないが、会社の中でいつも道に迷って、行きたいところに行けない。中々たどり着けないのである。迷子の連続である。信じられないような話であるが、私にとっては、地獄の一日であった。会社の中で、いつも自分の居所がわからなり、仕事も初めてのことなのでわからず、叱られっぱなし。弁当を車中の中に入れておいたが、行き方がわからず、1日何も食べていない。
仕事がわからないからと言っても、ベルトコンベアは待ってくれない。次から次へと卵が流れてくる。不良品を逃さないように、神経を集中させる。隣で一緒に立って目を光らせるおばちゃんと競争である。一滴の水も飲んでいない。
今日は朝からいつも通っていた、ゴールドエッグに辿り着けないのである。
目の前にあるゴールドエッグ、簡単な道、だが念の為3度も確認の為に行ったのに。
いざ1日おいて行こうとしても行けない。目の前の山に行けない。
認知症の恐怖を味わった。頭が張り裂けそうであった。
今から、また、沢山の恐怖を味わうだろう。みんなには分ってもらえない世界が待っていると思うと、冷汗が流れる。

見当識の低下により場所の感覚や道順がわかりにくくなっている様子、本人目線での感覚、そのことによる強い不安や恐怖感が書かれており、どのような体験をしているのかが伝わってきます。「会社の中でいつも道に迷って、行きたいところに行けない」「迷子の連続である」といった体験を、自身でも「信じられないような話」と感じています。目の前にある職場に辿り着けない、簡単な道なのに行

けないといった体験には、頭が張り裂けそうなほどの恐怖を覚えています。当事者の体験が仮に自分に起こったらと考えてみると、高橋さんが感じた不安や恐れが容易に想像できると思います。

　そして、だれにもわかってもらえないと思うと、自分だけが違う世界に離れていってしまうかのような孤独を感じると思います。しかし、だれか一人でもその想いや体験を共有できる人がいれば、この不安や恐怖を軽減できるかもしれません。

2019 年 6 月 12 日

> しかし、最近の物忘れは面白いものがある。また漢字が書けなくなったも辛いものがある。俺は一体どうなるのだろうか、不安で一杯である。

　高橋さんは徐々に認知機能が低下していることを自覚しています。以前よりも認知機能が低下し、この先もさらに低下していくのかもしれないと思うと、考えれば考えるほど不安になっていくのがわかります。このように認知症の人は、もの忘れやできなくなることが増える状況に直面するたびに、くり返しつらい思いを感じているのではないかと思われます。

2019 年 8 月 2 日

> 8月2日（金）
> 洲本 伊月病院へ　宗化と一諸に行く。
> 病気の　状況は 思わしくないようだ。物忘れが酷くなって来た。
> しかし、認知　認が治ることはない。進行を遅らすぐらいか？

　「物忘れが酷くなって来た」と実感しつつも、「しかし、認知症が治ることはない」と、自分自身にあきらめを言い聞かせるように綴られています。認知症の診断を受けて、「この病気を治す方法はない

のだろうか」と考えたことのある人は少なくないでしょう。現在の医療では完治する治療法がないことを知っていたとしても、治せる方法はないかと考えてしまうのでしょう。しかし、治療を続けて進行を遅らせても、多くの場合、少しずつは進行していきます。以前より進行していることを知るたび強い不安や焦りがこみ上げ、「何とかできないだろうか」「治す方法はないのだろうか」などと思ってしまうかもしれません。

2019 年 11 月 25 日

> 11/25　テニスはやめた♪　もう十分やった。
> ポイントのスコアも　まちがうのに　もう終った。

　認知症の人のなかには、周囲から見る限りでは特別な理由もないのに、趣味の会や地域の集まりに行かなくなったり休みがちになったりする人も少なくないと思います。そのようなとき、周囲の人からは単に「意欲がなくなった」と思われがちなのではないでしょうか。

　高橋さんの場合も、この翌月ぐらいから、趣味のテニスを休みがちになっていました。そうなった背景として、スコアを間違えるようになって自信をなくし、人知れず傷ついていたことが日記の言葉からはよくわかります。しかし、その想いをまわりに伝えられなければ、周囲の人は高橋さんがなぜ休みがちになったのかわからない、といったことが起こっているでしょう。

2020 年 2 月 6 日

今日は 学童本山に 久しぶりに 行って 可愛い 子供達に
会えて うれしかった。子供達は 皆 私のことを 覚えていてくれて
嬉しい。今度 行ったら 子供達の 名前を 聞こう。
子供の 名前を 覚えられないと言うのが 辛い、子供達は 私の
名前を 知ってるのに、私は 全く知らない。
名簿を もらって、是非 覚えたい。恥ずかしい ことである。
先生方の 名前も 聞きたい。是非。

しかし 俺は いつ頃まで、ボケまるか、そして どうなるのか、
不安 不安である。しかし、私だけでなく 子供達も 含めて
どんな 未来が 待っているのか？ きっと 素敵な 未来が 待っています
ように 祈るだけである。2月6日 am 0時55分。

　高橋さんは学童でボランティアをしていた時期がありました。子
どもが好きで、小学生とかかわる時間はとても充実したものだった
そうです。日記には、子どもたちが自身のことを覚えていてくれる
ことの嬉しさを感じ、その一方で自身は子どもたちの名前を覚えら
れないことにつらさを感じていることが記されています。

　子どもの名前を一度、もしくは何度も聞いているかもしれない、
それなのに覚えられない、子どもたちにいやな思いをさせていない
か、子どもたちはどう思うだろうかなど、「名前を覚えられない」こ
とによって思うことがさまざまあると思います。名前を覚えられな
いつらさを抱えつつも、大好きな子どもたちとかかわる学童の活動
を何とか自分の納得する形で続けていきたい気持ちも強く、本人の
なかでは認知機能低下に心折れるまいと必死だったのではないかと
想像します。

2020 年 7 月 10 日

> 話が あわない。
> かんじが かけない。
>
> 人と話をしていて、話が合わなくなった。
> 普通に話しているのに、いつの間にか ずれてくる。
>
> 今の話をしているのに、いつの間にか 何年も前の話している。
> 時の 感覚が、ずれてくる。
> 最近
>
> 金せんがかり 能力がない。
>
> かんじが かけなくなった。

　この日記も、認知機能が低下していることをはっきりと実感、自覚している内容です。

　「今の話をしているのに、いつの間にかずれてくる」「今の話をしているのに、いつの間にか何年も前の話をしている」「時の感覚がずれてくる」といった、特有の体験が綴られています。この体験談を自分のこととして想像してみると、いかに不安を覚える体験かが理解できると思います。これも「不確かさ」を増やし、いまと将来の自分への不安を強めるでしょう。

　「認知症の記憶障害は直近のことが覚えにくく、何年も過去の出来事は比較的記憶に残っている場合が多い」というのが認知症ケアにおいては一般的ですが、認知症の人が体験している「時の感覚」は、それ以上に複雑な感覚や感情を覚えているのかもしれません。

2020 年 9 月 18 日

> 匿名　宣　宣告　(宣告)
> 何年か前に 認知症の 診断の 告知 を 受けた時は
> 暗 闇その中で 突落された 心境でした。
> あの 気持 は 本人でなければ わかりません。
> それだけに 少しでも 認症の 患者の 役に立てるよう に
> 自分の 経験を 生かしたりと 思いました
> 　　　　経験

　高橋さんは、2020 年 7 月から当院のオレンジカフェを利用し始め、認知症当事者で相談員の渡邊康平さんのピアカウンセリングを受けています。この日記は、3 回目の参加後の記述です。

　オレンジカフェで認知症当事者の前向きに生きる姿を見て背中を押された経験から、今度は自分が認知症の体験を活かし、同じ認知症の人の役に立ちたいという想いが強くなったことがうかがえます。認知症になった自分だからこそできること、自分の経験が同じ認知症で悩む人に役立てるということが、高橋さんにとっても自己肯定感、自己効力感を高めることになるでしょう。

2020 年 10 月 17 日

> 10月17日
>
> にんち しように なって 良かった こと。
> 妻の やさしさに ふれた こと。
> 友人が ふえた こと。
> 人の いたみが わかった こと。
> いっぱい あるものだ。
>
> 　私は 人の 心の いたみを 感ずる人 に なりたい。

これまでには「みんなには分ってもらえない世界」と恐怖を感じていたこともありました（2019年4月22日の日記より）。ここでは、「認知症になった自分」について少し俯瞰的にとらえ、「認知症になったからこそわかること」など、別の角度からも自分を見つめられているのではないでしょうか。「にんちしょうになって良かったこと」があると考えられること自体に、そういった心の変化を感じることができます。

いまの自分に対して少しOKを出せるようになり、心の余裕が出てきた面があるでしょう。これまでは自分のことで精一杯でした。しかし、自分に加えて、家族や友人などまわりの人との関係にもOKを出せて感謝の気持ちが生まれ、周囲への思いやりも感じられるようになっています。そして、お返ししたいという心の欲求も高まっているようです。

この文章は、不安、恐怖、孤独感といったネガティブなものに対して、ただ目を逸らして蓋をしている表現ではないと思います。そういったものも感じながらも、また別の部分で「自分だからこそわかることもある」という、自分の「可能性」にも目を向けられる視野の広さが生じたと考えられます。そして、できなくなってはじめてできることがあるともいえますし、限界状況に達した人が、何らかの機会さえあれば復活してくる「可能性」がここに示されています。

（威能洋一、大塚智丈）

認知症の人の心を知るための3つの視点

なぜ認知症の人はつらさや不安を語らないのか

① 周囲や社会の要因

　「なぜ、認知症の人はつらさや不安を打ち明けないのだろうか」と考えたことはありますか。

　一般の人なら、「認知症だったら何もわからなくなるし、そういうことを話すわけがない」と思っている人も少なくないと思いますし、このような疑問をもつことすらないかもしれません。しかし、私たち専門職は、それでよいというわけにはいかないと思います。「本人はつらいはずなのに、不安なはずなのに、どうしてなかなか打ち明けてくれないのだろう」ということを考えたことがない人は、ぜひ一度、考えてもらいたいと思います。考えたことがないということは、もしかするとまだ「何もわからない」というような負のレッテルを貼ってしまっているのかもしれません。そのように、以前の私自身をふり返って感じることがあります。

　認知症の人が想いを語らないというのは、本人側にも要因はありますが、まわりや社会にも課題があると思います。社会の認知症への先入観・偏見がまだまだ強いという点と、自分のつらさを正しく理解して受け止めてくれるような信頼できる人が、身近に、家族や専門職にすらいないという現状があるのではないでしょうか。これは、時間や労力をかけても、今後、解決していくべきとても重要な課題であると思います。

② 本人側の３つの要因

　本人側の要因については、一人ひとり違っているところがあるはずなので、当然ながら認知症の人をひとくくりにせず、それぞれの人に対しての理解に努めるべきであると思います。私自身は、本人の心の状況を理解するときには、次のように３つに分けて考えています。

　１つ目は、①認知機能障害です。これは客観的に評価しやすく比較的わかりやすいものだと思います。記憶障害や言語障害（失語）、理解・判断力障害、病態失認などです。２つ目は、②心理的防衛機制です。①の認知機能障害より少しわかりにくいかもしれませんが、認知症の人にある程度、共通してみられます。３つ目は、③心情です。これは、一人ひとりの性格や生活環境、また認知機能障害や心理的防衛機制の程度によっても影響され変わってくる部分がありますが、いずれにしても個々に多彩なものがあり、さまざまに違っているものです。まわりからはもっとも見えにくいものかもしれませんが、本人自身は、ある程度は自覚し得る部分です。また、もっとも変えられる可能性のある部分でもあり、ケアの対象となるものであるという点で、その理解やアプローチがもっとも重要ではないかと思います。

2　視点①——認知機能障害

　認知症の人が気持ちをなかなか話そうとしないのは、当然、認知機能障害の影響もあると思います。「認知症」と診断されるレベルの記憶障害があれば、出来事をあったことすらすっかり忘れたり、忘れたことも忘れてしまったりすることもあるでしょう。しかし、多くの場合、全部が全部完全に忘れてしまうわけではありません。

さまざまな体験がどのようなものだったか、具体的には忘れても、いやな体験をあそこでした、楽しい体験をそこでしたとか、この人はいい人だった、やさしかった、あるいはいやな人だったなど、強い感情に結びついた印象的なことは記憶が残っていることが多いです。したがって、記憶障害だけが、つらさや不安などを全く語れない要因ではないと思います。

　言語障害（失語）も、しゃべりにくさは生じてきますが、よほど重度にならない限り、全く話せないということはないはずです。ただし、言葉がなかなか出てこなくなったり、言い間違いが増えたりすると、「変に思われるのではないか」「迷惑をかけるのではないか」など、後述する「心情」の変化を二次的に生じさせることにつながり、しばしば話すのを控えるようになります。しかし、それは話せなくなったのではなく、「話さないようにしている」ということです。つまり、話しやすい条件が整えば変わってくる可能性はあるはずです。

　理解・判断力障害や病態失認によっても、さまざまな勘違いをしたり、正しく認識できなかったりというところが出てくるでしょう。認知症が進んでくると、自分の症状がわかりにくいということはあります。しかし、前述のAさんの認知症の程度は中等度でしたが、はっきりとつらい心情を語っていました。つまり、認知機能障害もひどくならない限り、これだけで全く話せないということにはならないと思います。

　以上より、認知症の人が本音や気持ちを語れないのは認知機能障害のためだけではないと考えられます。

3 視点②——心理的防衛機制

① 不安の増強とともに強くはたらく

　次は心理的防衛機制についてです。前述してきましたように、心理的防衛機制は、強弱はあっても多くの認知症の人の心に生じているものと考えられます。また、そのはたらきは一定ではなく、出現・消退や強弱などの変動があります。そして、心理的防衛機制の原因となっているのが、やはり不安です。この防衛機制は不安を緩和したり回避したりするために、無意識のうちに生じる心理的なはたらきです。したがって、不安が大きくなれば、その分、心理的防衛機制は強くはたらくようになると考えられています。

　その不安を増強させているものには、さまざまな要因があります。例えば、性格、生活環境、認知症に対するイメージなどです。性格はなかなか変えられませんが、変えられる可能性のあるものとして、まず認知症に対するイメージ、すなわち「疾病観の悪さ」があげられます。

　世の中の偏見、先入観の影響がまだ強く、認知症の人自身も認知症に対して、非常に悪いイメージをもっていることが多いです。もともと自分自身がもっていた認知症に対する固定観念、偏見・負のレッテルなどをそのままいまの自分に当てはめてしまって、そのために不安が非常に強くなっている状態です。つまり、自分の偏見によって自分が苦しめられているということです。こういう場合が多々あり、本人の苦悩のもっとも大きな原因ともなっているといえます。

　次は、生活環境のなかでの周囲の人とのかかわりの状況です。主に同居家族、特に主介護者とのかかわりが重要です。家族など周囲の人からのもの忘れなどへの指摘、注意・叱責などが強くなればな

るほど本人の不安も強まり、その分「否認」などの心理的防衛機制による心のガードが強くなり、周囲の指摘を否定したり助言を拒否したりすることが多くなると考えられます。

② 認知症に対するイメージや周囲の環境を変える

　以上のことをふまえると、疾病観の改善や周囲からの指摘・注意の軽減を図ることで、心理的防衛機制は弱まってくると思われます。その結果、いまの自分を受け入れやすくなり、気持ちも吐露しやすくなるのではないでしょうか。社会全体の疾病観や偏見は、すぐには変えることはできませんが、本人の心のなかの偏見は診断後の適切な説明など心理的支援によって変えられると思います。また、当事者同士の支援であるピアサポートも有効ですので、今後はこういった支援が広がっていくことが期待されます（この本人への支援については後述します）。

　また、家族に指摘・注意などを減らしてもらうことも、家族への適切な説明・指導、心理教育、家族同士のピアサポートなどによって、ある程度可能だと考えています。

　実際に、これらのアプローチによって自分の悪い部分の状態を語れるようになるなど、変化を目にすることは少なくありません。しかし、心理的防衛機制が非常に強くなって、「もの忘れなんかない」などと頑なに言い続ける人への対応ではむずかしさを感じます。ただ、そういう人であっても、「認知症であること」までは受け入れられなくても、「もの忘れが多いのは歳のせいだから、歳をとったら仕方ないですね」と自身のもの忘れの多さの部分は受け入れ、「もの忘れ」で困ったことを話せるように変わっていく人もいます。認知症の人は、心理的な支援によって大きく変わる「可能性」をもっている人たちであるというのが、いまの私の印象です。

4 視点③──心情（恥ずかしさ、負い目、圧迫感、あきらめ、猜疑心など）

　最後は、「心情」についてです。人それぞれに異なるところはありますが、本人が、以下のような「隠れた思い」のいずれかをもっていることはよくあるのではないかと思います。

① 自信低下と羞恥心、自尊感情の傷つき

　まず、自信低下から来る恥ずかしさです。事例のAさんも認めていましたが、「恥ずかしい」「もどかしい」「情けない」などの気持ちです。自尊心が傷ついているので、自分の変化を自らは話しにくいというところがあると思います。

　また、うまく言えないし、言い間違えたりしたらどうしようなどと、指摘されて恥をかいたり注意されて傷ついたりするのがいやで、話すことを控えている、あるいは躊躇しているという場合もあると思います。

② 自責感や負い目

　家族に迷惑をかけていると思っているなど、負い目を感じていると、自分のつらい気持ちや困っていることも言いにくくなります。また、自分が話したことでさらに家族に負担や迷惑をかけるのではないかと思ってしまうことがあるかもしれません。

③ 周囲からの圧迫感や緊張

　診察の場などで強い緊張を感じたり、周囲からの圧迫感や言い出しにくい雰囲気があったりする環境では、話せなくなることがあるかもしれません。

④ あきらめ

　「どうせ話したってわかってくれない」「相手にされない」「話しても"大丈夫ですよ"などと言い含められる」というようなあきらめ感が強い人も多いのではないかと思います。また、そのあきらめの背景には、自己効力感の低下による無力感や孤立感、疎外感、関係性の喪失などもあるかもしれません。

⑤ 警戒心、猜疑心、不信感

　うっかり話すと、「間違ったことを言ってまた叱られるかもしれない」「どうとられるかわからない」「自分の想いと違って変にとられるのではないか」「自分勝手だなど悪いようにとられてしまうかもしれない」「下手をすると入院させられるかもしれない」などの疑念がはたらいているのかもしれません。家族を信用していないわけではなくとも、不確かさが強いため、そう感じてしまう人もいるようです。

⑥ 愛情

　②の自責感や負い目と少し似ている部分があるかもしれませんが、愛情から「家族を心配させたくない」「負担をかけるのはかわいそう」「自分が我慢をしたら家族は助かる」と感じ、話さないようにしようと思うこともあるでしょう。家族への愛情から、「私がいなくなったほうが家族にはいいのではないか」と思ってしまう人もいます。

　以上のように、人それぞれで違いはあっても、認知症の人の心の内面には、さまざまな心情が隠れていることが多いように思います。認知機能障害や心理的防衛機制以外にも、これらの心情がある

ために、つらさや不安があっても話しにくい状況が生まれていると思われます。

　そして、これらの心情自体が本人にとって大きな苦悩となりますので、これらを少しでも和らげることができるような状況、環境をつくっていくことが重要です。

　これまで述べてきた認知症の人の心情・心理を知り、それぞれの人において理解できるようになっていく。そして、その心によりそって信頼関係を構築し、その人に合った心理的な支援、環境づくりを行っていく。そうすれば、不安やつらい心情など、本人の苦悩を軽減できるとともに、さらに多くの心の声を聴けるようになるのではないでしょうか。

5　認知症の人の心を「代弁」するということ

① 代弁者に求められるもの

　認知症の人の心を「代弁」するためには、これまで述べてきたように、まず、認知症の人に特有の心情・心理について十分に理解していくことが重要です。これらの内容は、専門職教育では教えられてこなかったことが多いと思いますが、認知症の人を適切に支援するために必要な基本的知識となりますので、しっかり学んでほしいと思います。

　そして、本人が置かれている状況を理解するために、本人と家族など周囲の人たち、およびその人間関係などについての情報の把握も必要となります。必要な情報のなかにはもちろん、本人の生活歴、性格、もともとの知的能力、身体状況、認知症の種類と程度なども含まれます。また、本人や家族の認知症の疾病観や人間観、価値観

なども探っていく必要があると思います。さらに、それらの知識や情報を活かすためには、認知症の人と密にかかわる経験などによって、想像力や洞察力をみがいていくことも必要となってくるでしょう。

　最終的には、その人が何に困り、苦しんでいるのかということと、何に楽しみや喜び、幸福を感じるのかということの両方を考えて、それぞれ見つけていけるようになることが重要です。それを本人の立場に立って正しく把握することができれば、きっと本人が「話してほしい」と望む内容の「代弁」ができるようになるでしょう。

　認知症の人の「代弁」者は、その人にとって何が大切かを考えながら、知識、情報なども活用し、本人の言動や行動の背景・要因を探っていきます。そして、置かれている状況や本人の内面の状態を理解・把握していき、心情・心理をその人の言動や行動から説明できることも求められるでしょう。そのために、はじめは、一定の期間、一人の人に密にかかわって行う事例研究のような形で、本人からじっくり学んでいくのもよいのかもしれません。

② 本人の声の補足として役立てる

　認知症の人の心を「代弁」できることは重要ですが、本人が想いを語ることができ、本人の声を聴けるようになることはさらに重要です。そのためにも、やはり一人ひとりとの信頼関係をしっかりと築き、関係を深めていくことがとても大切です。そのうえで、「代弁」は本人の声の補足として役立てていきましょう。

「パーソン・センタード・ケア」の実践——DCM法を用いて

　「パーソン・センタード・ケア」とは、英国の臨床心理学者トム・キッドウッドによって提唱された、認知症ケアの概念です。従来の認知症ケアの医療的モデルから脱し、認知症の人を一人の「人」として尊重し、その立場に立ってケアを行っていくものです。

　当院では、「パーソン・センタード・ケア」の理念を実践するために、「認知症ケアマッピング（Dementia Care Mapping：DCM）」というケアの手法を取り入れています。このDCM法では、認知症のある人5名前後について、施設内の共有スペースにおいて通常6時間以上観察し、5分ごとに記録を行います。これを「マッピング」といいます。

　DCMを行うと、施設で暮らす認知症の人の生活の質とそれらに影響を及ぼしているケアの質が評価されます。その評価は、その人に合ったケアプランの作成、ケア組織の改革、スタッフの人材育成、研究活動などに活用されます。DCMの研修を受けたDCM使用者を「マッパー」と呼びます。マッパーは認知症の人の視点に立って観察法を実践・評価し、その結果を現場スタッフにフィードバックします。それをもとに、スタッフと一緒に、ケアのあり方について考えていきます。

　当院に併設されている重度認知症患者デイケアでは、3つのユニットのユニットリーダー全員がマッパーであり、同じ価値基盤のもとに、各ユニットでの「パーソン・センタード・ケア」を先導しています。そして定期的にDCMを行うことで、認知症の本人の視点に立ち、日ごろのケアのあり方についてふり返り、ケアを向上

させるための行動計画を立てます。ここで、DCMを用いたケアの実践について、Cさんの事例を紹介します。

◇「迷惑をかけてごめんなさい」と言うCさんの事例

　デイケアに通っているCさんは、レビー小体型認知症の70歳代の女性です。夫の仕事の関係で、イギリスで生活していた時期にはお菓子づくりの教室に通い、帰国後は市民講座の講師を担当していました。

　自宅では夫と二人暮らしで、夫のことがわからなくなることもありました。「家にだれかいるわ」とCさんが混乱していると、夫はやさしく「それは違うよ。大丈夫」と声をかけていました。するとCさんは「迷惑かけてごめんなさいね」と少し安心するのでした。徐々に夫の介護負担が増し、Cさんは当院のデイケアを利用することになったのです。

　Cさんがデイケアを利用する日は、夫に付き添われ、黒いカバンを肩から下げて来所します。少し緊張した笑顔でスタッフにあいさつをして、席に座ります。活動は楽しんで参加していましたが、突然立ち上がり、どこかへ行こうとして、自分の席やトイレの場所がわからなくなることもありました。「（すでに亡くなっている）母から電話がかかってきたの」「飛行機のチケットはどこで受け取ったらいいですか」など、混乱して不安そうに歩いています。スタッフがそばに行くと、「私みたいなのが、うろうろして、迷惑かけちゃってごめんなさいね」と不安と安心が入り混じったような笑顔で言います。Cさんは徐々に認知症が進行し、さらに不安で落ち着かない時間が増えていきました。そこで、Cさんがどのような想いで過ごしているか、Cさんの視点に立って今後のケアを考えていくために、DCMを実施することにしました。

◇DCM の実施とフィードバック

　Ｃさんがデイケアを利用している 6 時間を観察しました。ほか
の利用者とのコミュニケーションでは、目を見てうなずいたり、身
を乗り出してじっくり聞いたりなど、朗らかな様子の時間が続く場
面も見られ（9：55〜11：40）、ほかの利用者やスタッフとの関
係性は良好でした。一方では、突然、席から立ち上がり、持ってい
るカバンを置き忘れては探すことをくり返し、まわりをキョロキョ
ロ見ながら「このカバン私のとよく似ているけど、違うわ」とカバ
ンを手に持ったまま不安そうに歩いていました（15：15）。その
時間、Ｃさんに声をかけるスタッフはおらず、落ち着かない様子が
続きました。しばらくして「どうされたんですか」とスタッフが駆
け寄りました。スタッフが「そうなんですね。Ｃさんカバンを探さ
れていたんですね」とやさしく声をかけると、Ｃさんはとても安心
した様子で、スタッフと目を合わせ笑顔になりました（15：
20）。その後は席に戻りほかの利用者と談笑していました。

　マッピング終了後のフィードバックでは、DCM のデータをもと
に、Ｃさんからの発言や行動をサインとしてとらえ、Ｃさんの視点
に立ち、ケアの向上に向けてユニットスタッフとマッパーと一緒に
話し合いをします。今回着目したのがＣさんのカバンです。Ｃさ
んにとってカバンにどんな意味があるのかについての話になりまし
た。あるスタッフは、「昔、友だちのカバンを見張っていたのにな
くしてしまった経験があるとＣさんから聞いたことがある」と話
しました。別のスタッフは、「Ｃさんのカバンは、夫とイギリスの
美術館に行ったときに買ったものだと夫から聞いたことがある」と
話しました。カバンのことが気になってしかたがないＣさんの想
いを、ユニットではいままで深く考えることはありませんでした。
しかしＣさんにとってカバンは大切なもので、不安の原因は、そ

のカバンだけではなく、Cさんの感じている世界をわかろうとしない私たちの態度にあるのかもしれないと思いました。

　DCM実施前は、カバンが本人の不安をあおっているのであれば、見えないところにしまっておいてはどうかという意見も出ていました。もし、そこでカバンをしまっていたら終わりだったかもしれません。実はそこに本人の想いがあり、ケアを発展させるヒントが潜んでいたのです。Cさんの大切なカバンと過去の体験を理解し、現在の不安に対して、共感する気持ちで対応することで、Cさんが安心して過ごせる時間を増やすことができ、信頼関係がさらに深まっていくのではないかということを見出すことができました。このようにしてDCMでの結果をケアの実践へつなげていきました。

　ふだん、現場では大勢の利用者とかかわり、業務をこなしながらケアをするなかで見落としてしまうサインがたくさんあります。認知症の人がどのように感じているのか、チームで立ち止まって考えると、気がつかなかったことが見え、ケアの可能性を広げるきっかけになります。

（朝田加奈子、大塚智丈）

参考文献 ・・・
社会福祉法人仁至会認知症介護研究・研修大府センター編『DCM（認知症ケアマッピング）マニュアル　第8版（日本語版第2版）』社会福祉法人仁至会認知症介護研究・研修大府センター、2012年
鈴木みずえ監『認知症の看護・介護に役立つ　―よくわかるパーソン・センタード・ケア』池田書店、2017年

認知症の人の想いを聴く

1 ともに前を向いて歩む
パートナーになるために

① 本人と家族が「認知症」を 受け入れられるようにはたらきかける

　当然のことではありますが、認知症の人の想いを聴くことがゴールではなく、その想いに応えていくことが目的です。Part 2 では、この目的に沿って、想いを聴く方法や想いを聴く際の考え方について説明したいと思います。

　認知症の人とその家族が認知症を受け入れられるようになるのは、通常、容易なことではありません。そして、「受け入れられないことが悪いことで、受け入れられることがよいこと」という考え方は適切ではないと思います。受け入れられない人に対しても、その状態を否定的にとらえるのではなく、認めて、その人の想いに向き合い寄り添っていく必要があります。受け入れることを強いるのではなく「待つ」ことが重要です。

① 前を向いて生きていけるようになった D さんの事例

　認知症を受け入れ、前を向いて生きていけるような状態に変われる人は、どのようにして、そのような心の余裕のある状態になっていくのでしょうか。認知症と診断されてもそれを受け入れられず、ネガティブな感情に苛（さいな）まれていた状態から、前を向いて生きていけるようになった人の例を紹介します。

■Dさん（70歳代、男性、アルツハイマー型認知症）

X−3年ごろから置き忘れ等のもの忘れがみられ始めた。X−2年には、ぼーっとテレビを観ていることが増え、妻が外出に誘っても行きたがらないなど意欲低下が出現した。X−1年には、約束をすっぽかすも約束自体を忘れているようになった。また、「バカにされる」など被害的な訴えがみられ、家族に対して怒りっぽくもなった。X年に入ると、数分前のことも忘れ、同じことをくり返し話すなど、もの忘れが悪化したため、同年3月に近くのもの忘れ外来を受診。アルツハイマー型認知症と診断され告知も受けた。その後、受診をいやがるようになり、同年7月当院もの忘れ外来を受診。

初診では表情に苦悩を浮かべながら、「俗にいう痴呆症って言われて、もの忘れがひどいのと…、前の病院にかかってもよくならなくて…」「置いた物がわからなくなったり…、日時が思い出せなくて書いて貼って、でもまた忘れるから不安でもういやになる。情けない」などと語り、いまの自分の状況への不安や苦悩を訴えた。改訂長谷川式簡易認知評価スケール17点で同じ診断結果となる。

　Dさんの表情や語りから、もの忘れのひどさや認知症の告知などにより、強い不安や葛藤、焦燥感を生じていることが伝わりました。気分も落ちこみ絶望的な心の状態でした。そのため、その苦しい状態を少しでも緩和、軽減できるように、次のような説明をDさん、そして家族にも同時に行いました。

「統計では、認知症は80歳代後半で44.3％、90歳で約5割、90歳代前半で6割、90歳代後半で8割、100歳では9割ほどの人が認知症になっています。人生100年時代といわれますが、本当に長生きすればだれでも認知症になり得ます」

このような場合は、話しやすい年齢層別有病率から説明に入ることが多いです。ちなみに、本人が告知されていない場合には、"あなたが認知症"ということではなく一般論として説明します（その際に不機嫌な表情になれば、告知をそのときに行うのは適切ではないでしょう。本人の心の状況をできるだけ察知しながら押し引きが必要です）。

　さらに、次のように続けます。

「現在は65歳以上の高齢者の約6人に1人が認知症ですが、地域で認知症の人はそんなにおられますか？　そうは思えないのではないでしょうか。その理由には、世の中の認知症に対するイメージが悪いほうに偏り過ぎていることがあると思います。Dさんもそうではないでしょうか」

「テレビや『恍惚の人』をはじめとする書籍などでこれまで紹介されていたのは、認知症が進んだ人や状態の悪い人が多かったです。そのために、世間の人は認知症に対して悪すぎるイメージをもっていることが多いです。しかし、実際は楽しく暮らしているよい状態の人も少なくありません。きんさん・ぎんさんも実は認知症であったそうですが、明るく元気で楽しそうに暮らしていました」

「がんに対するイメージも「なったら終わり」ではなく、変わってきて、その幅が広くなってきたように、認知症も「終わり」ではなく、さまざまな人がいて認知症とともにしっかりと生きている人も結構いるのです」

「超高齢社会になりましたが、まだ平均寿命は延びていて、これからも認知症になる人は多くなると思います。昔のように一部の人がなるというわけではありません。順番になっていくことが多くなるでしょう。なので、認知症になることは恥ずかしいことでも情けないことでもないと思います。堂々としていただきたいと思います」

「会社勤めなど仕事をされていないのですから、これからのDさんの人

生には、もの忘れや失敗の多い・少ないより、楽しみや満足感の多い・少ないのほうが大切だと思います。もの忘れなど悪い所にこだわり続けるより、楽しみややりがい、満足感を増やせるよう、みんなで探していきましょう」
「もっと、もの忘れがひどい人でも、できることを活かして楽しく人生を生きている人を私はたくさん知っています」

　このような説明を行うと、Dさんは「そういうふうに思ったらいいのですね」「元気が出てきた」などと、少し安堵したように語りました。その後、当院への通院を継続していますが、表情が明るくなって活動的になっています。そして、被害的訴えや家族への易怒性はみられなくなりました。
　Dさんの明らかな変化から、悪すぎる認知症のイメージによって不安が増強し、そこから焦燥感や易怒性も高まっていたと考えられました。このような認知症への偏見によって苦しんでいる人は、他にも数多くいるのではないかと思います。

② 認知症に対する「悪すぎるイメージ」を改善する

　「早期診断・早期絶望」や混乱状態の予防や改善のためにも、認知症に対する「悪すぎるイメージ」の改善の説明はとても重要です。また、自分や一部の人だけがなるのではなく将来、家族などまわりの人も認知症になり得ること、思っていたよりもさまざまな幅広いレベルや生き方の認知症の人がいること、楽しく生きられないわけではないこと、などの認知症のイメージを本人に感じてもらうことが大切です。これらによって、悪くなり過ぎていた自己像や自己将来像を改善することで不安や混乱を軽減し、自分の状態を受け入れやすい状況をつくっていきます。

また、家族についても同様のことがいえるでしょう。したがって、本人、そして家族にも認知症観などについての適切な説明を行う必要があると思います。誤った認知症観の改善は、医療・介護・福祉の領域において、優先順位の高い非常に重要な支援として位置づけるべきではないかと考えています。

② 「周囲の人」に本人の想いを伝える

① 「理解者」の存在

　認知症の人は能力低下による困りごとや苦しい気持ちを感じていても、なかなかそれを語ろうとはしません。そのためにまわりの人にそのつらさが伝わらず、ずっとつらいままになっていることが多いと思います。家族など周囲の人にとっても、このことが心の内面の把握や理解を困難にしていますので、語ろうとしない本人の想いを専門職が代弁などによって伝えていくことはとても重要です。

　そして、一人でも理解してくれる人がいるのといないのとでは、本人の心の状況は大きく違ってきます。理解者の数が0人から1人になることは、10人から11人、100人から101人になるのとは意味が全く異なると思います。理解してくれる人が一人もいないということは、とても孤独で世の中から自分だけ見放されているような、つらい境遇と感じるでしょう。周囲から理解されず相手にされていないと感じることは、大きな苦痛になります。そうなると、本人の側から心に壁をつくり、周囲との関係をシャットダウンして関心をもたないようにしなければ、苦しくて自分が保てなくなるかもしれません。そして、「対応のむずかしい悪い状態の認知症の人」になっていくのだろうと思います。したがって、家族、あるいは専門職一人であっても理解者になることは、本人にとって非常に大き

な意味や価値があることなのです。

　認知症の人は、認知機能障害により言葉でうまく伝えられないということもありますが、既述したさまざまな心情があることでさらに言いたいことが言えなくなります。そして、自分の想いの主張や吐露を躊躇するようになります。そうなれば、本人が何を望み、何を望まないかの理解・把握やどうかかわるべきかの判断などがむずかしくなります。これでは、よかれと思って行った支援が、本人の想いとは、ずれたものや望まないものだと気づかないまま、続けられてしまう恐れもあります。

　また、本当は楽しめることやしたいことがあっても、遠慮やあきらめによってできずに不活発な生活状況になることもあるでしょう。これでは人生が有意義なものでなくなります。家族や支援者にとっても、これは本来望む状況ではないでしょう。

② 家族との想いのずれを修正したEさんの事例
　自らの想いを語れないことから家族との間で想いのずれが生じ、そのずれを修正するための支援を行った例を紹介します。

■Eさん（80歳代、女性、中等度アルツハイマー型認知症）

X－2年より約束を忘れるなどのもの忘れが出現し、その後も日付やメールのやり方がわからなくなるなど認知症の症状は徐々に増悪。一人暮らしをしていたが、妹家族宅に移り住み、同居となる。X年当院を受診し、改訂長谷川式簡易知能評価スケール16点でアルツハイマー型認知症と診断。
以後、当院通院となり、デイケアの利用も開始。行動・心理症状（BPSD）はなく、診察時にも穏やかな表情、態度で笑顔も多い。困っていること

などをたずねても、「どうもないです」といった返答が多い。同居の妹は、「私の言うことを何でも“はい、はい”と聞いてくれて、全然問題ないのです」とうれしそうに話し、全く困っていないと言う。

　「何でも言うことを聞いてくれるので問題ない」と言う妹の言葉には、Ｅさんの心の状況への理解不足の可能性を感じました。また、本人が妹に対し「お世話になっているから」と遠慮し、一方的な指示や支援に文句を言えない状況になっているのかもしれないとも感じました。本人に隠れた心情があるのならそれを伝えるべきだと考え、その心情を想像し、妹に対して次のような説明を試みました。

「認知症の人は、家族に対してお世話になって申し訳ないと思ったり、負い目や罪悪感を抱いたりしていることがあります。Ｅさんもそうかもしれません。思ったことを言って迷惑をかけたくない、心配をかけたくない、という気持ちになられることもあるでしょう。また、自分の想いなど、わかってもらえそうもないと、話すことをあきらめてしまっている人も多いと思います。もちろん、妹さんには感謝していると思います。ですが、いろいろな想いがあっても話すのを躊躇している認知症の人も多いのです」

　このように説明しているときに、それまでずっと微笑んでいたＥさんの目から涙が流れ始めました。妹はその涙を見て驚き、本人の心の奥に隠れたつらい想いを感じ取れた様子で、「先生、私、どうしたらいいのでしょう」とたずねてきました。
　その問いに対し私は、「どういうことをしてもらいたくないか、またしてもらいたいかを、たずねてみてください。１回や２回で

はふつうは答えてくれませんから、10回でも、20回でも何度でもたずねてください。そして、言葉が出にくいので、答えてくれるまでゆっくり待って、聴くようにしてください」と説明しました。その後、妹はEさんの想いを聴くために何度も粘り強くたずねるなど、努力をするようになりました。また、Eさんが望むことを一緒にするようにもなりました。

　その後の診察の際には、Eさんが少し自分の想いを主張するようになり、妹の言うことを何でも「はい、はい」とは聞かなくなったという話が妹からありました。しかし、その後も妹家族との関係悪化や大きなトラブルは生じませんでした。Eさんの想いを粘り強く聴こうとする家族の姿勢により、負い目などのネガティブな心情から生じる躊躇の気持ちが和らいだのでしょう。そして、あきらめから希望、家族への期待へと心の内面に大きな変化が生まれてきたのだと思います。

　Eさんのような認知症の人であれば、状態が安定しており介護上の問題もないので、家族はこのままの状態で問題ないと考えるのがふつうでしょう。私たち専門職も、周囲が困っていないのなら問題がないと判断することが多いのではないでしょうか。しかし、専門職は、「その判断は本当に正しいといえるのか」「問題がないのは周囲にとってであり、本人にとってはどうなのだろうか」などと疑問をもつことが重要です。「問題がないように見える問題」があるのだと思います。したがって、家族など周囲からはわかりにくい苦悩を、私たち専門職がこのように推測して代弁し、その軽減を図るアプローチを行っていく必要があると考えます。

③ 見えにくいものが理解できるようになるためには
　現実には、Eさんのような認知症の人は多く、つらい状態に家族

も気づかず放って置かれているのではないでしょうか。そのような「問題がないように見える問題」は、まだ多く存在していると思います。これは、今後、解決していくべき、認知症の医療・介護・福祉の大きな課題と考えています。その解決のためには、認知症の人に特有の心情・心理があることを知り、理解することが必要です。しかし、それは私たちには見えにくくわかりにくいものです。現状を鑑みると、理解していくためにはその前に、その見えにくいものにいかにして関心をもつか、取り組む価値を感じるか、という課題もあると考えます。

　認知症の人がもつ障害や困難には、見えやすいものと見えにくいものがあります。前者は、認知機能障害、ADL障害、BPSDといった客観的所見、エビデンスなどで評価しやすいものです。一方、後者は、人としての心理的欠乏欲求、本人の想いや心情・心理といった主観的で評価しにくいものです。

　私自身をふり返ってみると、前者を追っていた自分は「認められたい自分」であったと感じています。一方、後者に関心をもち、アプローチし始めた自分は、認知症の人に「役に立ちたい自分」だと思っています。どちらの自分に満足するか、どちらの自分が優位なのかは、もちろん人それぞれだと思います。また、特に若いころは知識や技術の獲得も必要であり、まわりから認められたいと感じるのは自然なことですから、前者の「認められたい自分」も当然、必要だと思います。しかし、ある程度、知識などを身につけ認められるようになったのであれば、後者の「役に立ちたい自分」を活かして、本人の役に立てるようになっていくことが、自分自身のためにもよいのではないかと感じています。

④ 本当に役に立てる専門職をめざす

　ある有名な科学者の名言に「価値をはかれないものに価値があり、価値をはかれるものに価値がないこともある」という言葉があります。私の体験からも人としての心理的欠乏欲求、本人の想いや心情・心理といった主観的で評価しにくいものにアプローチする自分が優位なほうが、客観的には価値ははかりにくくても、結局は本当に役に立てる専門職になっていけるので、仕事の満足感がより高くなると思っています。認知機能障害、ADL 障害、BPSD といった客観的所見、エビデンスなどで評価しやすいものを追う自分だけで満足しているのは、専門職としてもったいないことでしょう。そして、満足感、達成感が高まると同時に、「認知症の人とともに前を向いて歩むパートナー」に近づいていけるのではないかと感じます。

　見えにくい部分、本人の心情・心理への関心を高め、その曖昧なようにみえるもののなかに、はっきりと見えてくるものを見つけていただきたい。目からうろこが落ちるような、その発見の喜びを感じながら掘り下げていってほしいと思います。そして、本人の内面を理解していきながら、その部分への支援に注力していけば、きっといままで見えていなかった多くの問題が見えるようになり、さらにその解決につながっていくでしょう。

2 はじめて出会うときの心構えとかかわり方

1 障害のある孫をもつ F さんの事例

　Part 1 のコラムでも述べましたが、もの忘れ外来を始めた十数年前の私は、初回の出会いのときから失敗し、そして失敗を失敗とも気づかず、くり返していました。その反省から、認知症の人に出会う最初の瞬間からもっておくべき心構えについて考え、かかわり方の工夫をするようになりました。

■ F さん（80 歳代、女性、アルツハイマー型認知症）

家族歴：長姉は認知症、孫は重度心身障害がある

生活歴：現在居住する県で出生。高校卒業後、市役所に勤めていた。定年後もシルバーの仕事を 10 年ほど継続。結婚後 2 女をもうけ、夫、次女との三人暮らし。長女はやや遠方の都市に在住。

性格：明朗快活、社交的、仕事熱心、負けず嫌い

現病歴：X − 2 年春ごろより日付が曖昧になり、カレンダーを見て 1 週間前の日付を言ったりするようになる。同年 8 月、顔面神経麻痺で 10 日ほど入院。その後、出不精になり、毎日乗っていたバイクに乗らなくなった。また俳句の会のある公民館の場所がわらなくなり、「場所が移動した」と言うようになった。X − 1 年夏ごろになると「通帳がなくなった。預けてないか？」とよく家族にたずねるようになる。同年秋ごろにはリモコンの操作がうまくできなくなった。また、つじつまを合わせようと作話も増えた。同年 11 月実姉が胃の手

術を受けたことを、1か月後にはすっかり忘れていた。X 年 1 月、当院初診となる。

Fさんは、80歳代の女性で、現在は夫と次女の三人暮らしですが、家族との関係は悪くありませんでした。性格はとても明るくて社交的、おしゃべりが好きで、仕事熱心ですが負けず嫌いだったとのことです。

この 2 年間でもの忘れは少しずつ増えてきていましたが、実の姉が胃の手術を受けたことを 1 か月後にはすっかり忘れてしまいました。そんな重大なことも忘れるようになったので、これはいくらんでもおかしいだろうということで、家族が心配し受診となりました。初診の時点では、周囲が困るようなことは特にありませんでしたが、後に BPSD が少し生じてくることになります。

② 初診時からのかかわりの基本的な考え方と心構え

① 周囲が気づきにくい心の状況に配慮する

Part 1 で「本人が最初に "何かおかしい" と感じている」と説明しましたように、認知症の人の内面は周囲に気づかれにくい状況なのですが、実は言うに言えない特有のつらい体験をしていることが多いです。それを本人自ら語ろうとすることはまれですが、語らないからつらい体験や苦悩はないというわけではないということを、しっかりと周囲が意識しておく必要があります。負けず嫌いな人や、もともと人を頼れないタイプの人なら、なおさら語ろうとしないのがふつうです。

そして、自ら望んで受診したわけではない場合でも、重度の人を除けば病院に連れて来られた理由を何となく感じている人が、少なくないのではないかと思います。しかし、もの忘れなどの能力低下についてふれられたくないので、受診理由をたずねても最初はもの忘れについては全く語らず、「よくわからないけれど、家族に連れて来られた」などと言ったり、身体の症状ばかり訴えたりすることが多いと思います。もちろん、初診というはじめの出会いでは通常、緊張する場面であり、またもの忘れなど能力低下について話して、どう受け取られどうなるかわからないという不確かさもあるでしょう。そのなかで、自分の能力低下など恥ずかしい部分を、いきなり語らないのがふつうであるともいえます。

② 安心して話せる状況をつくる

　しかし、Ｆさんもそうでしたが、後になって、本人が安心して話せると感じられる状況になると、もの忘れが増えていることやそれによってもどかしさを感じること、周囲からの指摘によっていやな思いをしていることなどを、吐露することが少なくありません。したがって、最初のころには語ろうとしなくとも、やはり自分の能力変化や受診理由をどことなく感じていることが多いのだと思います。

　そこで、「もの忘れはたいしたことない」などと語る姿を見て、私たちが「何もわかっていない」「自覚がない」などと決めつけてしまっては、思考が停止してしまい、よりよい支援をするための工夫や発想ができなくなります。また、その心の状態に気づかず配慮を欠いたかかわりをしてしまうと、認知症の人から「安心して話せる人」「支援を受け入れられる人」と認められず、ひどい場合はかかわりや支援を拒否されてしまうことになるでしょう。私たちの勝手な思いこみによって気づくべきところに気づかず、知らない間に

支援を困難にしてしまっている、という自業自得の状況がまだ多く
あるのではないでしょうか。そして、「認知症の人はむずかしい」
などと、認知症や認知症の人のせいにしていることはないでしょう
か。「自覚がない」のは私たちのほうかもしれません。以前の私の
ように、「認知症の人の心の状況に気づいていない自分に気づく」
というところから出発する必要があるでしょう。

③ 本人に対する「感謝」と「敬意」の気持ちをもつ

　上記のような心の状況が隠れているであろうと想像し、考慮し、
相手の状況を把握しながら慎重にかかわるという心がけが求められ
ます。それを怠ったために、周囲の人の何気ない発言や態度によっ
て気づかない間に本人を傷つけている、というエピソードに数多く
出合ってきました。したがって、その過ちをくり返さないように、
不用意な発言をしないよう留意するとともに、その心の状況に配慮
して信頼関係を築いていくことがまず必要です。では、どのように
信頼関係を築いていけばよいのでしょうか。

　まず接し方についてですが、家族などに連れて来られた本人の多
くは、専門職の態度や接し方にも敏感になっていると思います。表
面上は何でもないように振る舞い、実際にそう見えても、能力低下
による自信低下やまわりの接し方から、自尊感情はすでに傷ついて
いることが多いからです。したがって、自分がどう扱われるかに敏
感になっているのです。ですから、こちらがふつうにしゃべってい
ても上から目線のように受け取られてしまう可能性もあり、それに
どのように対応したらよいのかという問題があります。

　以前の私は、「負のレッテル」を貼らないよう心がけ始めてからも、
しばらくの間、相手に対するネガティブな見方や態度がどこかで出
てしまうかもしれないと感じていました。しかし、それを表面的に

取り繕って上手に接するというのはかえってむずかしいことです。したがって、ある時点から、自分の根本から変えていくしかない、そう思うようになりました。そして、対応の仕方がどうこうという前に、まず、相手に対する「感謝」や「敬意」の気持ちを自分の内面としてもつところから変え、そのことを大事にしたかかわりを心がけるようにしました。つまり、本人が必ずしも望んでいない状況でかかわれることに対しての「感謝」、本当はされたくない問診や検査にストレスを感じつつも真面目に応じる姿勢などへの「敬意」をもって接するということです。

④ 「あなたを理解し、役に立ちたい」という気持ちを表す

　また、多くの場合、本人は「診断・支援されたくない」、私たちは「診断・支援したい」というニーズが相反している状況となっています。これをどうとらえ、考えるべきでしょうか。どうすれば同じ方向を向くことができるのでしょうか。

　この状況で、こちらのニーズを先に表に出してしまったら、相手にかかわりを拒否されたり、回避されたりするのは明らかです。したがって、早く診断したいというこちらのニーズは、いったん横に置いて、それよりもまず「あなたを理解したい」「あなたの役に立ちたい」という気持ちをもって、それを態度に出していくようにします。そして、「あなたとあなたの人生がよりよくなっていくことを、ともにめざしましょう」という考え方や心構えをもつことが、同じ方向を向くことにつながるのではないでしょうか。とにかく、理解し、役に立ちたいという気持ち、これは本当の気持ちですので、これらの気持ちを強くもつようにします。

　そして、問診や認知機能検査の際にも、本人が答えられず自分のだめなところを見せても全く態度が変わらず、自分を尊重してくれ

る人として認められるよう心がけます。先ほどの「感謝」と「敬意」の気持ちも、伝わるようにはっきりと態度に表すよう努めます。自分を尊重し役に立とうとしてくれている人と感じてもらうことが大切で、「自分の不安なところも安心して語ることができて頼れるような人」として、まず本人に認められるように努めます。

一人でもこのような専門職がいれば、本人にとってこんなに心強いことはないはずです。また、本人からみれば、この専門職の言うことは受け入れやすく、思いも伝えやすいでしょう。一方、そのような信頼関係ができれば、専門職としても本人の想いを汲み取ることや適切な支援がしやすくなります。

3 　認知症の人との最初のかかわり方

Fさんの実際の診察時の様子をふり返りながら、具体的なかかわり方を説明していきましょう。

① 本人としっかり向き合う

■ 初診の外来診察室にて

私　　：「Fさんですか。はじめまして、大塚と申します。よろしくお願いします」

Fさん：「こちらこそよろしくお願いします」

私　　：「今日はどういったことでこちらに来られましたか」

Fさん：「最近、もの忘れが心配と娘が言って…」

私　　：「もの忘れはご自身ではどう感じられていますか」

> **Fさん：「最近よく忘れるようになったのですが、自分ではどうかな…」**
>
> Fさんは、やや緊張気味で、長女、次女とともに入室。
> まずFさんに（家族は後回し）「歓迎」の表情であいさつをすると、
> 少しほっとした表情に。発語は流暢で返答は早い。態度は礼節が保
> たれ、診察には真面目に答える。

　Fさんも、診察室に入って来たときは緊張気味でした。長女と次女も一緒に入室しました。こちらから「はじめまして、大塚と申します」と、まずFさんにあいさつをします。家族の希望での受診であることは診察前に確認していたので、「来てくださってありがとうございます」という気持ちであいさつしました。

　家族には、受理面接時にソーシャルワーカーから、本人への問診中は横から口を挟まないように伝えています。そして、初診時は最初の20〜30分程度は、家族のほうを向かずに本人とだけ話をします。まず、本人に向き合い、しっかり見て、じっくり聴くことが重要です。

　もしその間で、家族と話す必要があるときには、本人に「ご家族にお聞きしてもいいですか」とたずねて了解を得てから、家族に質問するという配慮をしています。信頼関係ができて、家族と話していても「自分がないがしろにされるのではないか」などの猜疑心や疎外感が生じない状況になれば、了解なくたずねても問題ないと思います。しかし、最初はそのように言葉をかけることは大切です。自分を尊重してくれていると本人が実感できるからです。また、そのような相手には自然と真摯な態度をとろうという気持ちになりやすいでしょう。

　入室時に、「歓迎」の気持ちを込めた表情であいさつすると、Ｆさんは少しほっとした表情になりました。受診理由をたずねると、「もの忘れが心配と娘が言って…」と話し、本人から「もの忘れ」という言葉がありました。したがって、この言葉を使って「もの忘れはご自身ではどう感じられていますか？」と質問してみました。すると、「最近よく忘れるようになったのですが、自分ではどうかな…」と、ちょっと曖昧にはぐらかすような感じでの返答がありました。

　やはり「ボケ扱いされるのではないか」と心のどこかで感じている人が多いと思います。したがって、前述のように「そういうレッテルを貼るために診察をしているのではありません。あなたを理解し、あなたの可能性をみつけて役に立ちたいのです」という気持ちをもって本人に接します。

　Ｆさんは違いましたが、家族の希望による受診の場合は、はじめに自らもの忘れについて語ることはあまりありません。したがって、通常は抵抗感の少ない、身体のことから聞いていくことが多いです。認知症では多くの場合、治療歴などについて質問していくと、答えられないことが出てきますので、そこで、「お歳を召されると皆さん、もの忘れは当然多いです」「ご高齢の方には皆さんにもの忘れのチェックもさせていただいておりますので」などと話し、自然な流れで抵抗感が少なくなるよう工夫してから、認知機能検査に移るように心がけています。

② もの忘れについて具体的に聞く

■ 初診の外来診察室にて（つづき）

私　　：「具体的にはどのようなもの忘れがありますか」

Fさん：「人が訪ねてきたのが昨日か、一昨日だったかとか…」

私　　：「もの忘れで困ったことはありませんか」

Fさん：「困るというほどのことはないと思うけど…」

私　　：「ひどいもの忘れはないですか」

Fさん：「自分ではそんなにひどいとはな…」

私　　：「もの忘れで病院にかかられたことはありますか」

Fさん：「高松のな…、○○病院で…。そのときは別に…」

私　　：「いままでに入院されたことはありますか」

Fさん：「顔面神経麻痺でな…、2年前になるんかな…」

私　　：「それはどちらの病院に何日くらい入院されましたか」

Fさん：「…□□病院にな…、9日ほど入院しました」

> 一応、正答され、意外にもエピソードの近時記憶はほぼ保持。しかし、すでに発病し、心理的防衛機制がはたらいている印象も受ける。それに気をつけながら、改訂長谷川式簡易知能評価スケールを施行。

　具体的なもの忘れの内容をたずねると、「人が訪ねてきたのが昨日か、一昨日だったかとか…」と、もの忘れの体験を全く忘れているわけではない様子でした。そして、もの忘れで困ることを聞くと「困るというほどのことはないと思うけど…」と返答し、そんなにひどいもの忘れはないようにも話しました。もの忘れへの自覚が少し足りないようにみえましたが、そのようにみえる人の場合、認知

症の可能性が高くなります。

　しかし、Ｆさんの場合は、問診で病歴を確認すると比較的よく覚えていて、意外に思いました。家族からの情報ですと、明らかに認知症になっていると考えられる症状があったのですが、思っていたよりも近時記憶が保持されていました。したがって、これはどう判断すべきかと考えました。

　まず、家族が心配し過ぎて、あるいは細かいことが気になりやすくて、症状を少し針小棒大に説明しているのかもしれないということを考えました。また一方で、家族からさまざまな指摘を受けて、不安がより強められて「最小化」などの心理的防衛機制が早期に強くなり、「もの忘れはたいしたことない」と思うようになっている可能性も考えました。Part 1 でも述べましたが、不安が強くなり現状を認められる域を超えてしまうと、無意識のなかにそれを押しこめてしまい、自覚が乏しいようにみえる状態になることがあります。初期からそういう状態になっている人もいますが、その可能性を感じました。

③ 感謝の気持ちをもって認知機能検査を行う

　このような状況にあると思われましたが、Ｆさんも、もの忘れはあると認めていましたので、改訂長谷川式簡易知能評価スケールによる認知機能検査を行いました。

　認知機能検査では、「答えにくく本当は聞かれたくない質問に答えていただき、あなたに"感謝"と"敬意"を感じています」ということを言葉や態度で表現します。返答に対しては「ありがとうございます」と感謝の言葉を返します。そして、うまく答えられないときの心情にも配慮します。できた部分を強調し、できていない部分は「みなさん、なかなか答えられないことが多いです」「歳を重

ねられれば、すぐに答えるのはむずかしいですから」などと話します。答えられないのは自分だけではないと感じてもらうなど、劣等感、疎外感、失敗感などをできるだけ緩和し、なるべく残らないように努めます。もちろん、できないところがあってもそれで態度を変えたりはしません。

　表面上の様子とは違い、自分がどう扱われるかに敏感な人が多いですが、「できないところを見せてもいままでと同じように敬意をもって接してくれる人」「自分のありのままの姿を見せても大丈夫な人」として、まず本人に認めてもらうことが重要です。

④ 検査結果と診断

■ 初診時検査所見など

改訂長谷川式簡易知能評価スケール：26/30 点（3 単語遅延再生5/6）
神経学的所見：異常なし
頭部 CT 所見：びまん性脳萎縮と下角拡大（海馬領域の萎縮）はあるが、いずれも軽度で年齢不相応ではない
日常生活動作：ADL は自立、IADL は一部見守りや助言が必要
行動・心理症状：この時点では目立たず

　F さんの場合、改訂長谷川式簡易知能評価スケールは 26/30 点という意外と高い数値でした。テストの出来はよかったので、検査による F さんへのダメージや不安増強はあまりないかもしれないと感じました。しかし、試されていることは感じているはずなので、感謝の言葉をくり返しつつ、抑圧された不安が増強しないように、

「まずまず皆さんこんなものではないでしょうか」などと声をかけて検査を終えました。そのうえで、念のためにと説明し、詳細な認知機能検査を予約しました。

　頭部CTなどは特に異常がないのですが、手段的ADLについては、金銭管理、電話応対の面と買い物で同じ物を買ってくることなど少し問題がありました。家族の話による日常生活状況からすると、ごく軽度の認知症（アルツハイマー以外の認知症は否定的）の可能性を感じていました。そのため、もう少し詳細な検査が必要と考えました。

■ 詳細な検査後の診断についての考察

この時点の認知機能検査では予備軍レベル（軽度認知障害）相当の判定（だだし、RBMTでは展望記憶、実行機能がやや低下）。
日常生活からみると、ここ2年で徐々に認知機能の低下がみられている。
もともと無頓着な性格ではないのに、家族の認識に比べ本人は深刻さがないようにみえる発言あり。
以上より、「移行リスクが高い軽度認知障害 ＜ ごく軽度のアルツハイマー型認知症」と考えられた。

　詳細な検査の結果としては、認知機能は予備軍レベル（軽度認知障害）でした。ただし、リバーミード行動記憶検査（RBMT）では実行機能や展望記憶がやや低下しているので、認知症へ移行してきている軽度認知障害の可能性があるという結果でした。

　ただ、病歴などから考えても、ごく軽度のアルツハイマー型認知症の可能性のほうが高いと私は判断しました。また、もともと無頓着な性格の人なら、このレベルのもの忘れでもたいしたことはない

と思う場合もあるかもしれませんが、Fさんはそうではありません。負けず嫌いな性格で、そういうことを気にする人のはずなのに、という点も認知症を疑わせるものでした。そして、やはりすでに心理的防衛機制がはたらいていると判断しました。

■ 2回目受診時の診察

抗認知症薬投与の了解を得て、薬物治療開始
この時点での本人の焦燥感の顕在化は見られず
家族との間の葛藤や関係悪化も目立たず

Fさんは服薬治療を開始し、その後しばらくは変化もなく、イライラ感なども強くありませんでした。しかし、数か月経って、もの忘れや勘違いがまた増えてきました。同時に、家族も不安や戸惑いが増えていきます。薬も変更しましたが、X年6月になると、次女からのもの忘れなどへの指摘や注意が多くなり、Fさんの焦燥感、いら立ちが目立つようになってきました。そして、家族との人間関係の悪化が懸念され始めました。

4 「認知症のイメージ」を改善できるように

① 認知症のイメージを改善するための説明

■ X年6月外来再診

もの忘れや勘違いが増えていることに対し、はじめは「もの忘れはありますが、変わったことはないと思います」と言っていたが、しばらく話

をすると、「さっき来た人のことを忘れて自分でも不安」などと少し吐露し始める

　6月の再診時。最初Fさんは、もの忘れや勘違いが増えていることに対し、「もの忘れはありますが、変わったことはないと思います」というように否定的でした。しかし、認知症についてさまざまな説明をしていると、「さっき来ていた人のことを忘れて自分でも不安」と少し不安な気持ちを吐露し始めたのです。

　話をするなかで少し安心し、私自身が「自分のだめな部分を話しても大丈夫な人」と認められるようになったのかなという感じがありました。このときは、以下のように、悪すぎる認知症観や認知症の年齢層別有病率について説明しました。

「実は90歳では、約半数の人は認知症になっておられ、90歳以上では認知症である人のほうが多く、100歳では9割の人が認知症です」
「もの忘れがひどくなるのは、人間として特別な状態ではなく、老化という自然現象です」
「きんさん・ぎんさんも認知症であったのはご存知ですか。認知症でも楽しそうに暮らしていたと思います」
「より長寿社会になってきて、順番に認知症になることが多くなってきています。昔のように、一部の人がなるというわけではありません」
「これからのFさんの人生には、もの忘れの多い・少ないより、楽しみや満足の多い・少ないのほうが大切だと思います」
「もの忘れがFさんよりひどくても、楽しく暮らしている人を私はたくさん知っています」

このように話すと、Ｆさんも含め、多くの認知症の人が笑顔を見せます。悪すぎる認知症のイメージを改善して、自己イメージや自己将来像も改善することで不安を軽減し、少しでも自分の状態を受け入れやすい状況をつくっていきます。そして、不安が軽減すると、その不安によって生じていた心理的防衛機制が軽減することが少なくありません。その結果、自分のもの忘れに気づいたり想起しやすくなったり、語りやすくなるという見方もできると思います。

② 本人の気持ちを家族に伝えるための説明

■Ｘ年６月外来再診（つづき）

私　　：「もの忘れが増えて、自分でも情けない、もどかしいと感じることは、Ｆさんもありますか」

Ｆさん：「そうですな、ありますな」（少し恥ずかしそうな表情で）

私　　：「もの忘れやできにくいことが増えて、自分にイライラしたりすることはありますか」

Ｆさん：「あります」

私　　：「そのときに家族から何か言われると、もっとイライラしたりしますか」

Ｆさん：「はい」

　ここで、もの忘れが増えて情けなさやもどかしさを感じていないかをたずねると、少し恥ずかしそうな表情をしながら、それらがあることを認めました。恥ずかしそうな表情になるということは、自分で感じてわかっているけれど言いにくい、知られたくないというような心情を隠しもっているのではないかと思います。

　実は、そういう認知症の人は少なくないと思います。自分からはなかなか言わず、最初は隠して、あるいは言い控えているのですが、Fさんのように話してもらえるようになる人が案外多いのです。そして、そういう姿を一緒にいる家族が見ると、意外に思ったり驚いたりしつつも、その心情を少しずつ理解していけるようになることが多いです。

　さらに、もの忘れなどが増えて自分にいら立つことや、家族から何か言われていら立つことの有無を確認すると、Fさんはそれらもあることをはっきり言えるようになりました。

　また、本人とのこのようなやり取りを通して、家族にも本人の心情の理解をうながします。そのうえで、指摘や注意などはやめるように家族にお願いしなければ、家族は「何でやめなければいけないのか。こっちのほうがつらくて大変なのに」という気持ちになってしまうことが多いです。すると、家族指導は失敗しやすくなります。したがって、本人との人間関係や家族の負担感の大きさなども考慮して、押し引きしながら進めることになりますが、本人の心の状況を可能な限り十分に説明する必要があると思います。

苦しい体験をしている人に必要なこと

　疎外された人、生きがいを見失った人に重要なことは、慰めや同情や説教ではなく、「自分の存在は誰かのために、何かのために必要なのだ、ということを強く感じさせるもの」にほかならない。自分は無用者と思っている人に対し、「あなたは決して無用者ではない」「あなたの存在を、待っているものがある」と呼びかける。その人の存在を本当に必要とする周囲の思いが、その人を絶望から立ち直らせ、生きる意味を与えることになる。私たちにできることは、与えるより求めること。

神谷美恵子『生きがいについて』p180-183、みすず書房、1966 年より

　これは、精神科医の神谷美恵子さんの著書『生きがいについて』の一部を要約したものです。認知症になってもこういっただれか、何かがあれば、その人が復活してくるのではないのかと思うのです。
　実は、Ｆさんには障害のある孫の世話という役割があり、「孫の笑顔を見ると生きがいを感じる」「孫に救われている感じがする」と話していました。孫のことを語るときのＦさんの表情は、幸福感に満ちあふれたようなやさしい表情で、落ち着いた口調になっていました。障害のため、孫からの感謝の言葉はありませんでしたが、Ｆさんが訪れたときに見せる嬉しそうな笑顔と孫という存在自体が、Ｆさんのふだん満たされていない、「必要とされたい」「役に立ちたい」といった心の欲求を満たすことになっていると考えられます。支援（世話）をしている側のＦさんが、孫から心の支援をされていたとい

えるでしょう。

　人は非常に苦しい状況のときには、「なぜ自分だけが、こんな目に
遭わなければいけないのか」と思い、自分の関心が自分ばかりに向
かい、自分に集中してしまいます。しかし、こういうだれか、何か
があれば、そちらのほうに関心が向くと同時に、そのだれか、ある
いは何かを支えることによって、自分がまだまだ必要とされている
と自分の価値を感じることができます。必要とされている、役に立
てていると感じることによって、自己効力感や自己存在の価値評価、
セルフエスティーム（自尊感情）が高められ、支えているのに自然
と支えられているという状況になっていきます。おそらく、こういっ
た限界状況に達している人は、ふだん私たちが仕事として支援して
いるときに感じるよりも、もっと高いレベルのやりがい、達成感や
幸福感を感じているのではないかと想像します。

3 認知症の人の「語り出し」を引き出し、支える

1 「話をしたい人」として認められるために

　信頼関係の構築については、初診時からのかかわりのところでも述べましたが、注意すべき点を加えて、もう少し説明したいと思います。

① 本人の力や可能性を感じていく

　一つ目は、私たち周囲の人間は、「本人の感じる力などの能力を低くみてしまっていることが多い」ということに気づくことが非常に重要です。ぼーっとしているように見える人や寡黙な人でも、実はよくわかっている、感じていることが、私たちが思っている以上に多いのです。専門職でも、本人の理解力や感性、変化する可能性を実際よりも低く感じてしまっていることが少なくないと思います。

　この点については、私自身もいまだに「また同じような勘違いをしてしまっていた」と反省させられる認知症の人に出会うことがあります。後述するピアサポートの場での発言や、本人の日記（p.36参照）などからも、その人の感じる力、理解力、伝える力などが想像以上であると体験することがあるのです。家族や周囲への愛情や配慮の力などは、認知症でない人以上のものを感じることもあります。

　もし本人が、自分の力や可能性をあきらめずに感じてくれている人に出会えたら、その人に「また会いたい」と期待し、自分の想いも表現し伝えやすくなるでしょう。

② 発言の背景にある想いを知る

　二つ目は、本人との会話の際に、事実と違ったり辻褄が合わなかったりする発言や返答があったとしても、「誤認」「妄想」「理解・判断力低下」といった認知症の症状を当てはめてそれで終わらないようにする、ということです。それで終われば、発言の背景を考えず思考停止してしまうと同時に、理解しようとしない姿勢が相手に伝わります。これでは、「話をしたい人」として認められるには程遠くなります。

　その発言の背景にある感情や想い、本人が伝えたいこと、気にしていること、大切にしていることなど、「何がその発言を本人にさせているのか」を知ることに注力すべきです。話の内容の正誤より重要なことが、そこにあるのではないでしょうか。もちろん、認知機能障害でうまく話せないことはありますが、答えたくない場合や、いやな質問をされて、わざと質問とずれた話をする場合もあるでしょう。周囲にはわかりにくくても、何かつらいこと、憤ること、気になること、こだわりたいこと、うれしいことなど、さまざまな想いがあって話をしていることが多く、それらを理解しようとすることがとても重要なのです。したがって、私は、間違いがあっても訂正する発言をせず傾聴し、同席する家族などにも同様にお願いしています。

　また、会話の筋がずれるところから、予想外な本人の想いに気づいたり、本人のある側面を発見したり、理解を深めることがあります。その期待感を膨らませて傾聴することもできるでしょう。そして、ここでも、たとえ私たちが何かをつかめなくても、理解しようとする態度は本人にもわかるでしょう。その理解しようとする気持ちが相手に伝わり、「自分を認めてくれる人」として、本人から信頼され「話をしたい人」となっていきます。

さらに、認知症の人には、不確かでわかりにくい、できにくい状況のなかであっても日常生活を送り、また人ともかかわり、会話や交流をもとうとする人もいます。これらのふだんの状況を理解し、認知症の人の尋常ではない努力にも「敬意」をもつことができれば、自然と「人と人」としての信頼関係を築きやすくなるでしょう。

② その人の人生や楽しいこと、うれしいことを知る

　かかわりのはじめのころ、もし認知症の人が自分について話をしたくなるとすれば、通常はよいほうの部分でしょう。この部分から話題を引き出し、話をしてもらいつつ関係を深めていくという方法もあると思います。

　これまでは、主に認知症の人のネガティブな感情を取り上げてきましたが、もちろん認知症の人にも楽しみ、うれしさ、やりがい、満足感、快さなど、ポジティブな感情やよい体験が生まれます。これらは認知症の人の幸せに直結するものでもあるでしょう。したがって、このポジティブな感情や体験を理解することは、生活や人生を価値あるものにするため、本来の意味での支援としてとても重要なことです。

　本人のポジティブな感情や体験などについて理解するためには、まずその人の生活歴、人生歴の情報を得ることが必要です。そこから、楽しいこと、うれしいこと、満足できることなどを推測し、本人や家族などと話し合いをします。そして、家族など周囲の協力も得ながら、できることを一緒に探していきます。場合によっては周囲と一緒に行ったりもしますが、いずれにしても本人、周囲の人、専門職らがともに考え、継続していくことが大切です。

ネガティブな感情が強かった認知症の人で、ポジティブな感情や体験を獲得していくことで変わっていった例を紹介します。

① 楽しみとやりがいを取り戻した G さんの事例

■ G さん（80 歳代、女性、アルツハイマー型認知症）

主訴：もの忘れ、イライラ感、意欲低下

生活歴：五人兄弟の末子として出生。女学校を卒業。結婚後、夫とともに菓子店を経営していたが、夫は 40 歳代で他界。2 人の娘を育てながら店を経営してきた。現在は長女と二人暮らしで、店は孫夫婦が継いでいる。趣味は川柳、短歌、書道など。

性格：几帳面、仕事熱心、責任感が強い、非社交的、苦労性

現病歴：X－2 年より、自動車事故をくり返すようになり、もの忘れもあり、近くのもの忘れ外来を受診。認知症と診断され抗認知症薬を投与されたが、その後も、もの忘れは増えて気分が沈みがちになり、イライラして怒ることも目立ってきた。X 年には、同じ話のくり返しなどがひどくなり、また「家族が自分のものを盗った」という訴えも生じ、長女とともに当院へ受診。やはりアルツハイマー型認知症と診断し、以後は当科へ通院。

初診時、G さんにはもの忘れの自覚がある程度あり、「すぐに前のことを忘れる、それと置き忘れる」と話しました。認知症の程度は軽度と考えられました。一方、長女からの叱咤激励による指示や、もの忘れへの指摘などに対して、激しく怒ることがしばしばあるとのことでした。また、「ものを盗られた」という訴えも、家ではときどきみられていました。

初診時の後半に、ほかの事例と同様に、まず年齢層別の認知症有病率や認知症に対するイメージを改善するための説明を、Gさんと長女に行いました。そして、もの忘れについては、「もの忘れの多い・少ないより、楽しみの多い・少ないのほうが大切です」と説明し、「楽しみや、やりがいのあることをしたり、増やしたりしていってください」と助言しました。

　そのうえで、「楽しいことはありますか」と問いましたが、Gさんは、「楽しいことはない」「それと人間関係が苦手、社会性がないのです」と返答し、表情からもあきらめ感が強いように感じました。したがって、私からは「楽しいことはないと決めつけずに、可能性をあきらめずに見つけて増やしていっていただきたい。ご家族や私どもと一緒に探し、考えていきましょう」と話しました。

　生活歴情報によると、書道は師範の免許をもち、川柳、短歌は以前には新聞に掲載されることもよくありましたが、いまは全くやめてしまっているとのこと。このうち、川柳と短歌をまた始めてみようということになりました。また、孫夫婦が継いでいる菓子店にはあまり行っていなかったようですが、そちらにもできることは手伝いに行くようにお願いしました。すると、Gさんが得意としていた部分だけですが、少し手伝うようになりました。

② 互いに後押しされる関係性に

　その後、4回目の診察の際に、Gさんは「先生に見てもらおうと思って…」と言い、自分の川柳が載った新聞のコピーを渡してくれました。「調子は上々。先生に楽しみとやりがいが大事と言われて…」など、うれしそうに話しました。そして、長女からは、「盗られた」という訴えは全くなくなり、表情が明るくなったと説明がありました。

　それからも、「先生、おみやげ」と、川柳や短歌が載った新聞の
コピーを、載ったときには必ず私のために持参してくれます。私も
それを楽しみにしています。また、Ｇさんは「"楽しいこと、やり
がいを"って先生に言われて、いつも考えよるのです」などと話し
ます。長女によると、主治医の私に見せることもやりがいになって
いるとのことでした。

　できることや楽しめることを一緒に考え、できたこと、楽しめた
ことを一緒に喜ぶ、その姿勢が伝わり関係によい変化が生まれま
す。本人、家族、専門職でも、人が喜ぶようなことをして満足感、
自己肯定感が高まらない人はいないでしょう。

　一般的にも、生活歴、人生歴から、得意としてきた分野や責任を
もってやってきたことを知って、それを支援サービス内容に活かし
ていくということは有効といわれています。また、それらは以前か
ら本人にとって関心や興味の高いことですから、当然、話しやすく
「語り出し」を引き出しやすいものともなるでしょう。そして、本
人と同じものに関心をもつ人は、専門職も含め信頼され受け入れら
れやすくなるでしょう。

　Ｇさんから「会って話がしたい」「喜んでもらいたい」相手として、
認められたように感じることは、私自身の達成感や貢献感も生み出
しています。その私のうれしさ、ポジティブな感情がＧさんにも
伝わるようで、互いに後押しされているような目に見えない相互関
係を、感覚的にですが感じることがあります。支援者のかかわりの
側面から客観的に見れば、専門職としての三人称的関係と、人と人
としての二人称的関係が、交互に出たり引いたりしている状況に
なっていると思います。

　多数の認知症の人とはむずかしいかもしれませんが、本人と専門
職との関係がこのようになれば、「話をしたい人」として認められ、

本人が気持ちを語りやすい状況になるでしょう。くり返しになりますが、たった一人の専門職でも、そういう存在が認知症の人の前に現れれば、その人の固く閉じた心の扉が開かれ、状況が大きく変わる可能性があると思います。その大きな変化を生む潜在的な可能性を、私たち専門職はもっているのです。

3 ⌒ 3つの視点から、話しやすい状況を探る

　Part 1 でも説明しましたが、私の場合は、①認知機能障害、②心理的防衛機制、③心情の3つの視点から、認知症の人の心の状態を理解するようにしています。そして、ある程度、理解したうえで、話しやすい状況を探っていくよう努めています。

① 「あまり困っていない」と話す H さんの事例

■ H さん（60 歳代後半、男性、アルツハイマー型認知症）

主訴：もの忘れ
生活歴：在住県内で出生。大学卒業後、市役所に勤めたが 30 歳代で退職。義父の仕事の手伝いをしていたが、これも 10 年程度でやめ、その後は、市役所の嘱託職員として勤務。計算ができなくなるなどの状況があり退職。結婚後、子をもうけたが、現在は夫婦二人暮らし。
性格：几帳面、責任感が強い、心配性
現病歴：X − 5 年ごろより、本人が「何かおかしい」と自覚するようになり、複数の医療機関を受診するも、年相応と言われていた。しかし、金銭管理は心配になり、妻が行うようになる。その後、認知症専門医療機関を受診し、精査にて軽度認知障害（MCI）の診断。抗認知

症薬の服用を開始。服用後も認知機能は低下し、Ｘ－３年ごろには、日付がときどきわからなくなり、道に迷って家に帰れないこともみられるようになる。その後も、置き忘れなど、もの忘れが徐々に増えていき、Ｘ－１年にはいまは何月かもわからないことがあるようになった。Ｘ年に入ると、何もせずにうつむいていることが増えてくる。同年４月、当院へ紹介され夫婦で来院し初診。改訂長谷川式簡易知能評価スケール12点で、アルツハイマー型認知症と診断。妻によると、すでに前医で同じ病名の告知を本人も妻も受けているとのこと。以後、当院へ通院となる。

初診時、Ｈさんは穏やかな表情ではありますが、活気はやや乏しい印象でした。また、初診時のほかの多くの本人と同様に、少し緊張気味のようにも感じました。

■ 初診時の様子

私　　：「今日はどういったことで、こちらに来られましたか」

Ｈさん：「まあ…、前に行った病院でね、軽度認知障害ということで指摘を受けたのですけど、紹介されて…」

私　　：「どちらで軽度認知障害と言われたのですか」

Ｈさん：「○○病院」（正答）

私　　：「ご自身でおかしいなと思われるところは、どういうところですか」

Ｈさん：「うーん…、そうですね…。ちょっと浮かんでこないですね」

私　　：「軽度認知障害と言われたのは、どういう症状からでしょうか」

Ｈさん：「どんなだったかな…。もの忘れだったかな…」

私　　：「それはどんなもの忘れですか」

Ｈさん：「もの忘れはどうかな…。そんなには困るほどとは思わんけど…」

　Ｈさんの認知機能検査の結果は、予想より少し悪い点数でした。もちろん、この検査結果だけでは判断できませんが、12点という点数は中等度のなかでも、やや重度に近いほうの点数と考えられます。したがって、点数上は認知機能障害が、ある程度は進んでいる可能性があると思われました。

　しかし、的外れな答えはなく、少し答えにくそうな面はあっても普通に会話ができ、前医から紹介されての受診などの状況の理解もできていました。記憶障害があり、出来事などを思い出すことができず、語れないところは多くあっても、全く語れないわけではありませんでした。また、自分の気持ちが語れないほど、理解や判断などの認知機能の低下はないと思われました。したがって、認知機能障害によって理解や表現ができない部分は限定的と考えられました。周囲の態度や状況を感じとる能力はほぼ保たれており、点数ほどの低下はないと感じました。

② Ｈさんの心の状態を探る

　一方、Ｈさんは認知症の病名告知を受けているはずなのに、「認知症」ではなく「軽度認知障害」という言葉を使って、自分の病気について説明をしていました。また、もの忘れに関しても、はじめの診察の場面では「あまり困っていない」「たいしたことはない」というような口ぶりでした。これは、Part 1 で説明した「心理的防衛機制」がはたらき、無意識にそのような言葉を選択しているの

かもしれません。あるいは、意図的なのかもしれないとも考えました。

　既述のように、一般的に認知症に対するイメージが悪すぎると認知症への不安がさらに強くなり、その分、心理的防衛機制がはたらきやすくなり、「認知症」とは考えにくくなります。もしも心理的防衛機制がはたらいているとすると、Hさんにとって、この防衛機制で押さえていた不安を再び呼び起こす「認知症」という言葉は頭に浮かびにくくなります。それより「軽度認知障害」と思うほうが受け入れやすく、頭に浮かびやすくなるのです。

　このように、Hさんにも心理的防衛機制がはたらいている可能性が考えられましたが、この防衛機制の強さは一定ではなく、不安が緩和することで軽減が可能です。したがって、この観点からも、不安を高める要因となる「悪すぎる認知症観」や「周囲からの指摘・注意」などを改善するアプローチが、効果を示すのではないかと考えられました。このアプローチによって、Hさんが認知症であることなど、いまの自分の状態を受け入れやすくなり、その結果として想いを語りやすい状況にもなっていくことを期待しました。

③ Hさんの「心情」を理解する

　次の診察では、Hさんは次のように語りました。

■ 2回目の診察の様子

私　　　：「その後、調子のほうはどうですか」

Hさん：「…なんか、またもの忘れがちょっとひどくなっていっているような、と思ったりするのですけどね」

私　　　：「どういうところで、そう感じられますか」

Hさん：「うーん…。自分が考えていることがなかなか思い出せない
　　　　 とかですね…」
私　　：「はい」
Hさん：「ちょっと…、もしかしたらちょっと進行していきよるのか
　　　　 なと思ったりして…。何となくですよ。根拠はないのですけ
　　　　 れど」

　2回目の診察では、このように、少しためらいながらも、自らもの忘れの悪化やその進行の可能性について語れるようになっていました。これは前回の説明によって心理的防衛機制が軽減したのかもしれません。しかし、もの忘れに対する自分の想いについては、なぜかまだ語ろうとはしませんでした。そして、この診察の終わりに「何か質問はないですか」とHさんにたずねると、「認知症は治らないのですか」という問いを返してきました。

　この診察のやりとりやHさんの問いから、Hさん自身が認知症であることをある程度、認識できていること、そして認知症である自分を受け入れられずつらく感じてそこから逃れたい気持ちのなかにいること、一方で、その内面の気持ちを語りにくい状況があることなどを感じとれました。しかし、これだけのことを自ら話せているということは、少なくともこの時点では、Hさんは、認知機能障害や心理的防衛機制よりも、「心情」が主となって、自分の想いを話せていない可能性が高いと考えました。このように、認知機能障害や心理的防衛機制だけでなく、心情によって話しにくくなっている認知症の人が意外と多いと、経験上も感じています。

　「心情」は、「心理的防衛機制」と違い、本人が意識できているものです。Part 1で説明しましたが、心情としては、羞恥心や自尊心、

緊張感、警戒心、あきらめ、罪悪感など、さまざまなものがあります。人それぞれではありますが、これらのいくつかによってHさんも、「もの忘れがひどくて情けない」「つらくて不安」などの想いがあっても語りにくい状態になっていると考えました。やはりこの心情の部分への理解が非常に重要であるということです。

「認知症は治らないのですか」というHさんからの質問に対しては、認知症は治らないものであることを説明しましたが、もちろんそれだけでは何の支援にもなりません。Hさんの心情にはどのようなものがあって、苦悩や本音などの気持ちを語りにくくしているのかをまず考えていく必要があります。それを理解していけば、Hさんが想いを語れるようになるヒントが得られるのではないか。そして、Hさんが自分の想いを語れるくらいに、可能な限り認知症を受け入れ、前を向いて生きていけるよう支援したいと考えました。

前述のDさんのように、専門職による認知症観の改善の説明により、ある程度、認知症を受け入れられるようになり、前向きになって想いを語れるようになる人もいますので、Hさんについても同じように試みました。

④ 「認知症カフェ」への参加

ところが、Hさんの場合は、こちらが思ったようにはいきませんでした。もともと口数は少ないほうで、診察では、会話や表情も淡々とした感じで返されることが多かった点はありました。しかし、私の力不足もあり、つらい心情などの想いを吐露してもらうことができず、それ以前に想いを表情や態度から把握することもややむずかしい状況でした。

印象としては、「緊張感」「羞恥心」「あきらめ」などがあるように感じてはいましたが、その心情をしっかりと把握し、確認するこ

とはできていませんでした。残念ながら、私は「自分の想いを話してもよい相手」として、まだ認められていなかったのだと思います。そのため、Hさんが、いまの自分に対してOKを出せるようになる手がかりもつかめずにいました。もの忘れを隠すようなことはなくなりましたが、さまざまな説明によって気が楽になった印象も、私にはあまり感じられませんでした。

　困った私は、Hさんに想いの吐露をうながすのはなかなかむずかしいと感じつつも、何かのきっかけになるかもしれないと考え、当院の「認知症カフェ」へ参加してもらうことにしました。ここでは認知症の人同士の交流の場があります。認知症の人には認知症の人にしかわからないだろう想い、裏を返せば認知症でない人に対するあきらめの心情もあるだろうと考えます。しかし、ここに来れば、ふだんの診察では見られないHさんの姿や聴かれない言葉が、もしかすると現れるかもしれないと淡い期待を抱いていました。

　そして、その結果は期待以上のものでした。認知症カフェに数回参加した後の診察で、Hさんは「カフェに行くようになって、認知症が怖くなくなった」「自分が変わったようにも思う。偏見があった」などと自ら語るようになり、私も驚くことになりました。

　後述もしますが、実はこの認知症カフェには認知症当事者の相談員がいて、その当事者本人が認知症の人へのカウンセリング、相談業務を行っています。その相談員とのかかわりのなかで、認知症のとらえ方が大きく変化したようです。そのため、認知症をもつ自分へのとらえ方も大きく変わったのでしょう。Hさんの場合は、専門職からの認知症観改善のための説明よりも大きな効果があったようです。

⑤ 認知症カフェのでのHさんの様子

認知症カフェでは、認知症になった自分について「最初、認知症になったときは、自分もつらかった」「わけがわからなくてすごく落ちこんだ」「かなり不安でつらかった時期があった」「どこにどう言うといいのかもわからなかった。一人で悩んでいた」などと話していました。そして診察時にも、認知症になって絶望に近い気分の落ちこみや不安、苦悩があったことなど、感じていた心情について率直に語るようになってきました。以前に診察で想いを語ろうとしなかった理由は、やはり緊張やあきらめがあったとのことでした。

Hさんのように中等度以上に進行した認知機能レベルでは、「もう自分の想いなど話せないだろう」と思ってしまう専門職もいるのではないでしょうか。そういう思いこみや負のレッテル、あきらめを打ち砕くHさんの言葉、姿であろうと思います。私も「むずかしい人はむずかしい」などと、勝手に判断してあきらめそうになってはいけないと、改めて感じました。

Hさんとのかかわりでは、はじめのころは、Hさんの心情を自力ではしっかりつかみ取れず、ほとんど他力によって「語り出し」を引き出すという、私にとっては残念で情けない結果でした。しかし、反省すべきところはしつつ、今後も借りられるものは何でも借りるなど多様なアプローチをして、認知症の人が想いを語りやすい状況を探り、つくっていきたいと思っています。

4 羞恥心に配慮する

① 「羞恥心」による問題

認知症の人は、もの忘れなどの能力低下に対し、羞恥心をしばしば感じています。そのため、自尊心が傷つきやすい状況になり自信

を失いやすく、まわりからの目にも過敏になっていることが少なくないと思います。恥ずかしく情けない自分を見せたくないという想いがあり、このような想いを心の内に秘めていることが多いと感じます。したがって、認知症の人がそのままの状態で、自分の気持ち、恥ずかしい部分について語ろうとすることは通常、困難でしょう。羞恥心を軽減するアプローチがまず必要です。

　また、別の問題として、羞恥心によって人と会うのを避け、外出をしなくなるなど生活が不活発となることも少なくありません。趣味の会など交流の場にもさまざまな理由をつけて行かなくなり、閉じこもりの要因にもなり、いわゆる「空白の期間」を生むことになります。そして、その間に症状が進み悪化して、家族などとの関係性も崩れやすくなります。これでは「人生の再構築」も困難となり、人生を意味や価値の乏しいものにしてしまいかねません。本人の人生にとって、「語り出し」ができる・できない以前の大きな問題となるでしょう。

　では、どうすればよいのでしょうか。認知症の人の羞恥心、恥ずかしさや情けなさなどを緩和し、いまの自分をできるだけ受け入れられるように、そして前を向いていけるようにアプローチを行った例を紹介します。

② 羞恥心が和らぎ、前を向いて生きていけるようになったⅠさんの事例

■Ⅰさん（70歳代、女性、アルツハイマー型認知症）

主訴：もの忘れ

家族歴：母親が認知症（病型不詳）であった

生活歴：在住県内生まれの県内育ち。五人兄弟の末子。両親と歳の離れた3人の姉はすでに他界。すぐ上の兄が同じ町内に在住。普通高校卒業後、部品製造工場に勤める。20歳代前半に結婚後、2女をもうける。出産後転職し、ほかの職種の工場に40歳ごろまで勤務。その後は専業主婦。2人の娘は結婚し、長女は他県、次女は県内他町在住。現在は夫婦二人暮らし。次女は月に1～2回家を訪れる。兄との交流はあまりない。

性格：几帳面、内気、非社交的、引っこみ思案

現病歴：X－1年の夏ごろより、同じことを何度もたずねるなど、もの忘れがみられるようになった。友人がⅠさんのもの忘れのひどさに気づいて夫に受診を勧め、同年秋に認知症専門病院を受診。アルツハイマー型認知症と診断され、抗認知症薬を投与開始。病名告知もされてそのショックが大きく、将来への強い不安を訴えていた。その後も、抑うつ的で気分の落ちこみは続き、人と会うことにも消極的となり、外出もあまりしなくなった。

X年春ごろより、もの忘れが増悪。自治会や近隣とのつき合いをさらに避けるようになり、気分の落ちこみも悪化し、閉じこもり状態となった。そのため、当院へ紹介され受診。

改訂長谷川式簡易知能評価スケールは18点で、前医より点数はやや低下しているが、診断結果は同じ。もともとはおとなしく真面目だが内気な性格とのこと。以後、当院へ通院となる。

Ⅰさんの場合、羞恥心はほかの認知症の人よりも強いと感じましたが、診察の後半になると、案外、自分の気持ちを語ってくれました。いまの想いを本人に語ってもらう前に、いつものように認知症の年齢層別有病率、偏った悪すぎるイメージについて説明しました。その後で、認知症と診断されてどう感じているかをたずねると、

「変にみられるから恥ずかしい。こんな自分は見られたくない」「人からどう思われるかが気になる」などと語りました。夫と一緒に行っていた市場などに出て行かなくなったことについては、「たくさん人のいるところへ出るのは勇気がいる」と気持ちを素直に話してくれました。

③ 羞恥心が強まる背景・要因

　ここで、羞恥心が強まる背景・要因について考えてみます。まず、性格傾向があげられます。Iさんは他人と自分を比べて自分の価値をはかる、いわゆる「比較価値」の強いタイプでした。それもあり、羞恥心が強まりやすい性格傾向と考えられました。また、診察を重ねるなかで、「なぜまわりの目を気にしすぎたり、自分を悪いようにとるのか」をたずねた際、「小学校1年のときに回虫症になって、そのときから人とは違うように感じるようになって、学校に行きにくくなったり引っこみ思案になった」と吐露しています。しかし、性格を変えることは困難です。

　次に、家族など周囲からの指摘も、羞恥心の大きな増強要因となります。Iさんの場合も、もの忘れ、勘違いなどについて、夫からの指摘や周囲から夫への報告があり、そのときに気分の落ちこみが強くなるとのことでした。

　認知症の人は、能力低下からくる羞恥心や自尊感情の低下など、ネガティブな感情が強まると、周囲からのささいな指摘にも敏感になります。以前なら何でもないような周囲からのひと言が心に突き刺さるようになり、それがさらに羞恥心などネガティブな感情が強まることにつながります。

　Iさんに、認知症の人特有のつらい心情（もどかしさ、情けなさ、恥ずかしさ、いら立ちなど）がないかどうかをたずね、それらがあ

ることをⅠさんから確認しました。横でその会話を夫に聴いてもらったうえで、もの忘れなどへの指摘をなるべく控えるように夫に説明し、指導しました。

　また、「一部の人だけがなる」「なればおかしなことを言ったりしたりする」などの思いこみや偏見も、やはり羞恥心の増強要因となります。Ⅰさんの場合、母親が認知症で「おかしなことを言ったりしていた」とのことで、通常よりさらに悪いイメージをもっていると思われました。そのイメージを変えるのは容易ではなく、またネガティブな感情が強くなりやすいと考えました。

　通常の場合も、初診時だけでなく、イメージの改善を図る説明をくり返し行っていますが、Ⅰさんにはさらにさまざまなアプローチが必要と考えられました。そして、Ⅰさんよりも、もの忘れが多い人でも楽しく暮らしている人はたくさんいることや、もの忘れが多くても楽しみが多ければよいのではないか、ということも重ねて伝えていきました。

　さらに、認知症当事者の講演が行われる、当院主催の認知症セミナーに、夫婦で参加してもらいました。そこで同じ当事者の話を聴き、Ⅰさんはとても感動し元気が出た様子とのことでした。「あの人はすごいなぁと思いました」と、そのときの印象を、後日、診察時に熱く語ってくれました。

④ 夫に対する負い目

　その後の診察の際、ときに夫に対する「負い目」を話すこともありました。「何がいちばんつらいですか」との問いに、「いや、いちばんつらい言うのは…、お父さんにこうしてもらいたいというのはないんやけれど…、本当は私がお父さんをみないかんのに…」と、夫への申し訳ないという思いを語ることがありました。それで私

は、Iさんにも、くり返しになりますが、悪すぎる認知症観や年齢層別有病率など、認知症の現状について改めて説明した後、「情けない」「申し訳ない」と思うより、家族へは「ありがとう」という気持ちでいてほしいとお願いしました。その際にIさんは、「いい話を聴けました」と涙を流しながらも、笑顔で言葉を返してくれました。

　以上のようなアプローチを行うなかで、少しずつですが、認知症のイメージやいまの自分の状態へのとらえ方が変化してきたと思います。さらにそれを後押しするため、診察後に院内にある認知症カフェへの参加を勧めました。

⑤ いまの自分を受け入れられるようになる

　認知症カフェでは、認知症の人たちが集い、本人同士でしかわかり得ない気持ちを共感、共有するなど、自然な形で心の支え合いが行われています。そして、恥ずかしさやつらい気持ちがあるのは自分だけではないと感じることにより、羞恥心を和らげることもできます。また、先の事例のHさんのように、専門職の説明では変わらない人でも、ここで認知症のイメージが変わり、その人自身も大きく変化する場合があります。

　「忘れたり失敗したりしても大丈夫」という雰囲気の環境が、本人の居場所として重要なのだと思います（「認知症カフェ」といっても、場所によって質の格差が大きく、認知症の人の居場所になっているところがまだ少ないという、大きな課題はありますが）。Iさんは、参加を始めたころは緊張した様子でしたが、2、3回参加するうちに表情がやわらかくなり、緊張がとれていきました。当院の認知症カフェについて、Iさんは「みんな理解してくれるから、気を遣わなくてすむからうれしいのです」「隠さなくてよい所での

人付き合いは楽ですね」と話しています。

　その後の診察で、Iさんは「近所を散歩していたら、近くに住んでいる従姉が"徘徊しているの？"と聞いてくるので、"そうよ"と答えているんです」と笑いながら話しました。横で聴いていた次女が「前はそういう言葉を言われたりしたら、ひどく落ちこむところやったよね」とIさんに聞くと、「知っとる人は知ってくれとるし、そんなに気にせんでもいいかなと思えるようになってきた」と返しました。Iさんの羞恥心が緩和し、認知症のいまの自分を少しずつ受け入れられるようになった様子がうかがえました。そして、会話の際も明るく話す様子が多くみられ、会話量も増えてきました。さまざまなかかわりによって、Iさんの自己否定感や意欲・感情面での問題が改善してきたと考えられます。

　以上のように、認知症の人は羞恥心などのネガティブな感情や想いがあっても、その状況のなかで変えられる部分があると思います。その部分にアプローチすることによって、認知症の人が大きく変わり、前を向いていけるようになる場合が少なくはありません。だからこそ、その感情や想いの背景や要因を理解し、改善に向けてのアプローチができる専門職が増えていくことが期待されます。

 ## 「世話や迷惑をかけたくない…」という人への説明

① 順番に認知症になり得る時代

　「人の世話にはなりたくない」という人には2通りの場合があると思います。1つは、上述の羞恥心や自尊心からの場合、もう1つは罪悪感や負い目を感じてのケースです。前者の場合は、「お世話になるのは恥ずかしい、情けない」という想いからの発言でしょ

う。後者は、家族やほかの人にも、「お世話になるのは申し訳ない、負担や迷惑をかけたくない」という想いからでしょう。後者は80歳代後半など、より高齢の人に多いという印象があります。もちろん、Iさんのように両方ある人も多くいます。

　このように「人の世話にはなりたくない」「迷惑をかけたくない」と言う人には、私は以下のように説明しています。

「もうとっくの昔に迷惑をかけておられます。私もそうですけれども。人間は、お世話になってお世話をして、再びお世話になる。迷惑をかけて迷惑をかけられて、再び迷惑をかけるのが、長く生きればふつうの人生でしょう。これは本来は人間として自然な姿だと思います。いまは80歳、90歳まで生きるのがあたりまえの時代で、人生100年時代とまでいわれるようになっています。したがって、これは今後、多くの人が通る道です」

　「人間は120歳まで生きることができる」ともいわれています。本来の人間の姿、人生の経過・流れは、もともとこのようなものではないでしょうか。寿命が延び続け、長生きできる人がどんどん増えてきて、本来の姿が表側に出てきただけではないかと思うのです。

　そして、前述の認知症の年齢層別有病率や認知症観の改善のための説明をしたうえで、次のように続けます。

「これは順番なのです。医療が発達して、とても長生きできる時代になり、まだ平均寿命は延びています。だから私たちの多くも、早いか遅いかの違いはあっても、今後は、順番に認知症になり得る時代なのです。昔のように、多くの人が60歳代、70歳代で亡くなり、認知症になるのが一部の人のころなら、恥ずかしい、情けないと思うのはわかります。しかし、もうそういう時代ではないのです。なのに、お世話になるのは

恥ずかしい、情けない、申し訳ないという気持ちにならないといけない
のでしょうか。もうその必要はなくなってきているのではないかと思い
ます」

② 「申し訳ない」ではなく感謝を伝える

子や孫がいる人には、次のように話しています。

「認知症になって、恥ずかしい、情けない、お世話になりたくない、迷
惑をかけたくないと思われていては、将来もっと長生きできるお子さん、
お孫さんたちも同じ気持ちにならないといけなくなると思いますが、そ
れでもいいですか？　それはいやではないですか？」

「もし、いやでしたら、そういう考え方はいまから変えてください。そ
うでないとその考えは受け継がれていきますから、将来ご子孫が困って
しまいます。このままだと、みんな安心して長生きできません。しかし、
もしあなたがそういう考えをいま変えてくださったら、お子さんもお孫
さんも、また私たちも将来、とても助かります。ですから、堂々と迷惑
をかけて、堂々とお世話になっていただきたい。"忘れるからよろしく
ね""できなくなるから頼んだよ"という感じで。そうならないとみん
なが困りますので、ご自身だけのためではなく、お子さんお孫さん、そ
してこれからさらに超高齢社会となる日本のためにもどうかお願いいた
します」

「これからあなたが堂々とお世話になれば、お子さんはお孫さんに、お
孫さんは曾孫さんに同じように堂々とお世話をお願いすることができ
て、とても助かると思います。どうか将来のお子さん、お孫さんたちを
救ってあげてください」

そして、Ｉさんにも伝えたように、「できるだけ負い目や罪悪感を感じないでいただきたい。でも、感謝の言葉はご家族にかけていただいて、"申し訳ない"ではなく、"ありがとう"というお気持ちをもっていただけませんか。そういうお気持ちを、親子や家族で次々とつなげていってください」とも話します。

　このように話していくと、認知症の人の表情が穏やかになったり、明るくなったりすることが多いと実感しています。「そうやな」と言って笑う人もいます。家族など周囲の人への負い目などによる遠慮が少なくなり、自分の想いや願いをできるだけ躊躇なく語ったり、お願いしたりできるようになれば、「認知症になっても大丈夫」な状況になっていくのではないかと思います。

⑥ 本人のつらい気持ちや不安を家族に理解してもらう

　認知症の人のつらい気持ちや不安を、受診前から十分に理解している家族はまれだと思います。したがって、認知症の人のつらい気持ちなどを代弁したり説明したりして、適切に理解してもらうよう努めるのは、専門職としての重要な役割の１つです。

　これによって、本人と家族のすれ違いやぶつかり合いを軽減し、関係悪化の防止・改善を図ります。そして、コミュニケーションがとりやすく、本人が語りやすい状況に近づけていくことが大切です。

① まわりからの指摘や注意で不安が増していた J さんの事例

■ J さん（80 歳代、女性、アルツハイマー型認知症）

主訴：もの忘れ

生活歴：五人姉妹の末子として在住県内で出生。姉 4 人のうち長姉以外はすでに死去。長姉とはときどき交流あり。高校卒業後、市場や温泉施設の事務職などを勤め、結婚後は医療器具販売を 60 歳ごろまでしていた。退職後は専業主婦。2 男をもうける。現在は夫と長男夫婦、孫 2 人との六人暮らし。以前は、趣味で生け花をしていた。

性格：負けず嫌い、頑固、几帳面

現病歴：X － 3 年ごろより、少し前に話したことを忘れる様子がみられるようになる。X － 2 年にはもの忘れが目立つようになり、親戚などからも指摘されて「私、バカになりよる」などと不安感を訴えるようになった。X － 1 年には、同じことを何度もくり返し言ったり聞いたりするようになる。X 年に入ると、さらにもの忘れが顕著になるとともに、夫からのもの忘れへの指摘や助言に腹を立てて怒るようになり、夫とともに当院受診。

② 初診時の J さんの様子

　初診時の診察前に、J さんは「もの忘れの自覚はあるが、認知症だと診断されるのはつらい」とスタッフに語っていました。

■ 初診時の問診の最初の様子

私　　：「今日こちらにはどのようなことで来られたのですか」

Jさん：「"よう忘れる"って言われて」

私　　：「もの忘れで受診されたのは、まわりに言われてですか？
　　　　ご自身で感じられてですか？」

Jさん：「半分半分かな」

私　　：「どのようなもの忘れがありますか」

Jさん：「あれ？　さっきしたかな、とか」

私　　：「もの忘れがあると不安になりますか」

Jさん：「そう不安に…。やっぱりまわりから言われたら余計にね…」

> もの忘れの自覚はある程度はある様子。また、夫からの指摘・注意
> や助言・指示によって、さらに不安になっていることが、本人の言
> 葉からもうかがえた。外来で精査を行い、軽症のアルツハイマー型
> 認知症と診断。

　まず、いつも通りに認知症の年齢層別有病率と認知症観の改善の
ための説明を本人と夫に行い、両者に病名を告知しました。

　そして、Jさん本人の抱えるつらい心情について、推測して代弁
に似た形で提示し、その是非を質問して、本人に確認しながら把握
していきました。そのやりとりの様子を夫にも見てもらい、本人の
心情を理解してもらうようにしました。

私　　：「もの忘れが増えてくると、自分がもどかしい、情けないと
　　　　感じる人が多いのですが、そういう気持ちになるときもある
　　　　のではないでしょうか」

Jさん：「そうやな、あるな」

私　　：「そういう気持ちがあるのに、ご主人からもの忘れなどでい

ろいろと言われて、ときどきイラッとすることもあるので
は？」

Jさん：「…するな。なんでもよく叱られるから…」（少し恥ずかしそ
うな表情）

　その後、さらにJさんにたずねていくと、もの忘れ以外でも勘違
い、家事の不備などについて、夫からいろいろ言われるとのこと。
それによって、不安やとまどいを余計に感じ、またイライラもして
怒ってしまうと語ってくれました。

③ 夫への説明

　この会話の様子を見ていた夫に対し、夫の心情への理解も示した
うえで、次のように説明、指導を行いました。

「まわりの人にとっては何でもないようなささいな指摘を受けても、本
人からすると"叱られている"と敏感に感じてしまう認知症の人が案外
多いのです。それによって、自分が否定されているように感じてしまう
のです。したがって、なるべくもの忘れやできていないことへの指摘や
注意は控えてください」

「人は認知症であってもなくても、物事がうまくいかず失敗して自信や
気持ちの余裕がなくなると、小さなミスを指摘されただけでも自分を否
定されたように感じやすくなります。また誤りを認めにくくもなります。
失敗続きで自信がなくなったときに、周囲の目に敏感で不安になりやす
く、ささいなミスでも言い訳が多くなったり、素直に謝れずに怒りっぽ
くなったりするのもそうでしょう。これは自分を守ろうとする心の防衛
反応で、だれにでも起こり得ることです。認知症の人はもの忘れやでき
ないことが増えて、自信や余裕がなくなるので、これと同様の状態です。

したがって、ささいな指摘のひと言でも"叱られた""バカにされた"と自分を否定されたように感じたり、自分自身への不安が強まったりしてしまうのです。自分自身を"だめ"と感じ、まわりからもそう思われていると感じると、このような猜疑心、被害的な感情が生じやすい状態になります。したがって、ささいなことでイラッとする、怒りっぽくなるのも不思議ではないと思います」

　これらの説明の後、Jさんの夫は本人の心情もある程度理解できたようで、もの忘れなどへの指摘を控えるようになりました。

　家族へは注意などを控える指示だけでなく、本人の不安や怒りなどの心理的要因・背景についての説明もしっかり行うことが大切だと思います。本人のつらい心理状況やその背景をできるだけ理解してもらったうえで、かかわり方やサポートについて指導を行うことが重要だと思います。

　認知症の人のつらさは見えにくいですが、しんどくてつらいのは家族だけではないと理解してもらい、本人の立場に立って考えやすいように、家族への説明、支援を行います。それによって、本人も自分の想いを表現しやすくなります。すれ違いやぶつかり合いが減って、本人にも家族にもよりよい状況が生まれるように努めていきたいと考えています。

　家族へのアプローチは、Part 3でもう少し詳しく解説します。

4 認知症のピアサポート

1 ピアサポートとは

　ピア（peer）とは仲間、同輩、対等者の意味です。もともとは障害をもつ人々の自立生活運動として、アメリカでの1970年代からの活動を契機として始まったものです。同じような境遇、立場にいる、経験や感情を共にする仲間同士が、日常の悩みや相談事などを率直に話し合います。そして、当事者同士がお互いにカウンセラーとなって、平等な立場でサポートし合うというものです。

　認知症の人のピアサポートにおいても、自分と同じような体験、悩みを共有して、共感を得られる仲間をもつことができ、本音で話し合えて、ありのままの自分でいることが可能となります。つまりそのような環境や相手が得られるという利点があります。また、認知症とともによりよく生きていくための知恵など、有用な情報を得られるという面でも、当事者にとって有益なものです。

　最近では、認知症医療・ケアの領域でも、ピアサポートが徐々に注目を集めるようになってきており、また非常に有効な支援方法の1つとして期待されています。ピアサポートのなかで、相談することに力点を置いたものが、ピアカウンセリングと呼ばれています。

2 認知症ピアサポートの体制

　認知症のピアサポートは、認知症カフェや認知症本人ミーティングなどの交流の場が設けられて行われていることが多いです。しか

し、認知症カフェは全国のどの市町村にも設置されてはいるものの、現状ではさまざまなものがあり、必ずしも認知症ピアサポートが行われているわけではありません。

　私の勤める病院では、認知症カフェ（オレンジカフェ）をピアサポート、ピアカウンセリングの場として活用しています。そして、まだ全国的にはまれであると思いますが、認知症当事者を非常勤職員として雇用し、その活動を行っています。

① 認知症カフェの概要

　当院の認知症ピアサポートの場である認知症カフェは、2014年に職員宿舎を利用して開設し、毎週金曜の午前10時から午後3時の間に行っています。当院の認知症疾患医療センターが中心となって運営し、2017年6月からは、認知症カフェ利用中の認知症当事者であった渡邊康平さん（当時74歳）を同センターの相談員として雇用し、同氏によるピアカウンセリングを開始しました。

　当院では、同センターのもの忘れ外来での診断後、主に早い時期にピアカウンセリングを行っています。しかし、全ての認知症の人に行っているわけではありません。

　外来でまず、本人や周囲の状況などを把握したうえで、認知症のイメージの悪さ、偏見、誤解などについての説明を行います。専門職側ができるだけ認知症観を改善するための努力をし、そのうえでピアカウンセリングを受けるのが望ましいと判断した人に認知症カフェを紹介しています。

　認知症がかなり重度な人や心理的防衛機制が非常に強い人の場合（"もの忘れは全然ない"と言う人など）には、その状態ではピアカウンセリングの効果を得ることがむずかしいと考えられます。一方で、特に軽症〜中等症の人で葛藤があって悩んでいたり、つらさを

抱えていたりしていても、なかなか言えなくて悶々としているような人、心に壁をつくっているような人には、認知症カフェへの参加を勧めています。

　原則的に、前もって本人についての情報を渡邊さんや認知症カフェのスタッフなどにも伝えておきます。また、認知症カフェ当日の終了後に、渡邊さんら相談員とスタッフでその日のふり返りをします。そして、月1回のカフェカンファレンスでは、渡邊さんを含めセンター職員全体で意見の交換を行っています。このように、渡邊さんら相談員と私、他のセンター職員とが協力しながら支援を行っています。

認知症カフェの看板

認知症カフェの一室

② 当事者相談員が行うピアカウンセリング

　当院でピアカウンセリングを行っている、認知症の当事者相談員を紹介します。

■ 渡邊康平さん（1942年生まれ（78歳）、男性、脳血管性認知症）

香川県観音寺市在住。高校卒業後、日本電信電話公社（現NTT）の機械課職員として勤務。50歳からは観音寺民主商工会に勤めるとともに、地域でも長年にわたりボランティアや自治会の世話役など広く活躍して

いた。

2014年ごろより、車で道に迷う、計算を何度も間違える等の症状が出現。2015年4月、かかりつけ医にて脳血管性認知症と診断を受ける。その後、いくつかの病院で同じ診断を受け、うつ状態となる。そして、診断後の3か月で体重が23kg減少する。

同年8月、当院に初診となり、以後は当院に通院。通院開始後しばらくして、当院の当事者の集いや認知症カフェにも参加するようになる。

2017年5月、当院主催の「わが町づくりフェア」に演者として招いた、認知症当事者の丹野智文さんとの交流会の際、同氏から渡邊さんと当院院長（私）に「渡邊さんの笑顔を悩んでいる当事者のために活かしてください」と後押しされる。そして、翌月から当院の非常勤職員となり、認知症カフェにて当事者相談員としてのピアサポート活動を開始。当事者へ自分自身の経験を話したり、認知症を抱えながら生きる不安や悩みなど、当事者の話を傾聴したりしている。そして、自分らしく生きる姿を見せながら、認知症になってもよりよく生きるための支援を行っている。

また、ピアサポート活動の傍ら、地域や県外で認知症啓発のための講演活動を行っている。2019年には、厚生労働省が任命する認知症の「希望大使」に選出された。

　渡邊さんは診断を受けて絶望状態となり、体重が20kg以上減少し、話もあまりできなくなるなど、非常につらい状態となりました。実は、以前に渡邊さん自身の先輩が認知症になって、穏やかだった性格が変わり攻撃的となった姿を見ていたのです。そのため、自分もそのようになってしまうのかと大きなショックを受け、自分はこれからどうなっていくのかと苦悩していました。

　そのころの強い不安や混乱、自らの苦しい体験を、認知症カフェを訪れた診断後間もない認知症の人にまず語ります。それによって

共感を得て、その心を解きほぐしていきます。そして、「次々と忘れるけれど、それをいちいちだめと思うと本当にだめになるから、そう思わないようにしている」「もの忘れはあってもできることはある、できることを楽しめばよい」と同じ当事者に伝えています。さらに、診断から6年以上経ったいまも病院で働く相談員として、その元気な姿を示すことで、認知症の人の心に希望を与え勇気づけています。

　認知症カフェに参加して、はじめは口数も少なくうつむいていた人が顔を上げ、明るく元気になり自分を取り戻していく。その姿を見て、渡邊さんは達成感を得て、逆に元気をもらっていると話しています。自分が役に立ち必要とされているという貢献感が大きな喜びや生きがいとなっています。

交流会で話す丹野さん（左）と渡邊　認知症カフェでの当事者交流の場面
さん（右）

 ## 3 ピアカウンセリングにより
自分を取り戻す

　渡邊さんのピアカウンセリングにより、自分を取り戻すことができた人たちについて紹介します。

① 自らピアサポートを望んだ K さん

■K さん（70歳代、男性、アルツハイマー型認知症）

主訴：もの忘れ

生活歴：在住県内で出生。高校卒業後、定年まで農協に勤めた。退職後は戦没者会、遺族会の役員、保護司などを務める。結婚後2男をもうける。現在は妻、長男夫婦と四人暮らし。趣味は骨董品、読書。

性格：責任感が強い、遠慮深い、頑固

現病歴：X年春ごろより予定の時間を間違えるなど、もの忘れが目立つようになる。同年7月、同じことを何度もたずねるなど、もの忘れがさらに増え、近所の医師に相談。改訂長谷川式簡易知能評価スケール19点で軽い認知症と診断され、抗認知症薬処方開始。

その後も、もの忘れは目立ち、専門医療機関受診を希望し、同年11月当科初診。同スケール24点で上記診断。以後当科に通院し、X＋2年より当科デイケア利用開始。

同年8月、同スケール21点。X＋3年2月渡邊さんのうわさを聞き自ら希望して、デイケア職員とともに認知症カフェを訪問し、利用開始。

　Kさんは認知症カフェへの1回目の訪問時には、自動車運転免許証の返納について渡邊さんに相談していましたが、終わるころになってもまだ迷っている感じでした。しかし、2回目には免許証の返納をもうすませていて、これに関してはすでに納得してすっきりしている様子でした。そして、当院の認知症カフェに少し慣れてきた3回目の訪問の際には、渡邊さんと次のような会話をしていました。

渡邊さん	：「人によってレベルが違うんや。ある程度わかってい く部分もあるし…、これはどうしようもない」
Kさん	：「それが病気の特徴というか、そういうことでしょう かな」
渡邊さん	：「そういうふうな症状になるんだけど、それはもう苦 にせんと、まぁ、あと何十年も生きられるもんでもな いんで、息しよる間は、体が動きよる間は、けっこう 楽しんでいくというかな。もう苦にしないというぶん で、あとは気持ちよくやっていく。そういう考えでお るんです」
Kさん	：「そうせなんだら、先生（渡邊さん）が言いよること も頭に入れて帰ろうと思ったらものすごくえらい（し んどい）。ほんで、帰ってみたってな、メモとっとる わけでもないけん全然残ってない。これはいかんわと 思って、今日、2へん目3へん目になるんか、ほん だらまぁ、自分なりにひと言でも印象に残ったことを 書いとったら、これ言いよったなということを思い出 すかなと思って、今日はじめてこれ（手帳）書くよう になった。その程度のことしかまだ浮かんでない。貴 重な時間をこうやって会わせてもろて、申し訳ないこ としよると思っとる」
渡邊さん	：「いやいや、それはもうな、ほんと僕もどんどんどん どん消えていきます。多少文章化してないとなかなか 出てこなくなる。それを見て話していくんだけど、話 したことが、あそこでこうこうこうやったというぶん がほとんど残らんのです。残らんかったらつまらんが

というふうに思わないことにしとんです。いちいちこれはわしはだめだと思いよったらほんまにだめになるけん」

K さん　：「心が、気が楽になったかな。私も同じことを思いよんです。具体的に題名だけでもメモしとって、そのなかのなんぼかの話聞いたなかで思い出して、こういうこと言いよったなということを1つか2つかでも言えたら、それで成功かなと。そう思いよん。そう思ってくるようになったんです。もうちょっともうちょっと理解して入れて帰らないかんと思ったらとてもえろて（しんどくて）来られんけん」

渡邊さん　：「話しよるときは、もっともっとと思うんやけど、もっともっとと思っても全く残らんのや。全部消えてしまってくんでな。それはもうやめることにしたんです」

K さん　：「2、3年前やったかな、題を書いとったらそれに該当することをこっからここまで話すというときに、次の題目がきたらそれに関係したことを話して、なんぼか話題ができよった。それができんようになってしもた」

渡邊さん　：「ほんでもな、今日会ったら"こんちは"と言えるでしょ。僕もそうでな、いったん話しとるとおぼろげながらに顔とか、あーこの人、んーどっかで見たことあるなとかというのが出てくるだけでも助かっとると思うんです。ふつうやったら話しよるうちに、だんだんあーそっかと話しよったらこの人やったかと思い出すけど、名前がどやっても出てこんがいというふうに

いっきょんですけど」

K さん　　　：「先生方（渡邊さん夫婦）がそういうことだったら、まぁ
　　　　　　　　自分で納得せないかん」

渡邊さん夫婦：「…笑」

　ピアカウンセリングを受けるまでは K さんも、できないことを
気にしすぎて、イライラしたり情けなさを感じたりして、そういう
いまの自分が認められない状況で、なかなか前を向いていけない状
態でした。しかし、認知症カフェを訪れてから K さんは変わって
いきます。

② 当事者同士で話し合い、折り合いをつけていく

　このピアカウンセリングでは、まず当事者相談員である渡邊さん
がこれまでの経験のなかで感じてきたことを語っていきました。そ
のなかで K さんは、渡邊さんのさまざまな体験、想いや考えなど
を聴きます。また、自らも発言をして互いの想いに共感し、共有し
ていきます。そして、心情的にもいまの自分の状態を少しずつ受け
入れられるようになっていく姿が、K さんにみられました。
　また、頭でも考えて、できること、できないことなどを整理して、
納得しながら、できなくなったことに対しては、仕方がないと割り
切って踏ん切りをつけていく。「歳を取れば順番にこんなものだ」
などと気持ちを切り替えていく。そして、これからの考え方や過ご
し方について、当事者同士で話し合い、折り合いをつけていってい
る、という様子がこのピアカウンセリングの場でみられていました。
　また、K さんはデイケアでは全く見せたことのない姿を渡邊さん
の前では見せていました。その姿にデイケア職員は「こんなにお話

ができるなんて！」「こんなことを考えておられたなんて…」と驚かされました。このように、専門職にとっても、当事者にしかもちえない力を実感できるとても貴重な場となっています。そして、「認知症の人が本当はもっている可能性をこれまで見逃してきたのではないか」という思いも、職員に芽生えています。

③ 初回のピアカウンセリングで無言で涙を流したLさん

■ Lさん（70歳代、男性、アルツハイマー型認知症）

主訴：もの忘れ、意欲低下

生活歴：三人兄弟の長男として在住県内で出生。東京の大学を卒業後、帰郷して組合連合会に60歳の定年まで勤め退職。退職後は妻とともに家庭菜園をしていた。結婚後2男をもうける。現在は妻と二人暮らし。子どもは2人とも関東在住。趣味は麻雀、家庭菜園。

性格：内気で非社交的、遠慮深い、引っこみ思案、仕事熱心、責任感が強い、粘り強い

既往歴・合併症：糖尿病、高血圧症、糖尿病性腎症、気管支喘息

現病歴：X年2月ごろより不眠が目立つようになる。同年7月、車を運転中に溝に気づかず脱輪を起こした。同年8月には、妻と一緒にしていた家事をしなくなり、意欲低下がみられ外出もしなくなった。同年9月になると、日付を何度も確認したり、インスリンを2度打とうとしたりするようになった。

同年10月当科初診となり、改訂長谷川式簡易知能評価スケール16点でアルツハイマー型認知症と診断。以後通院となり、抗認知症薬など投与開始。外来診察時に困っていることをたずねても「困ったことはない」「全然問題はない」などと答えるばかりで、自ら話すことも少ない状態であった。

　外来でのLさんは、質問には短く言葉を返すものの自分からは話そうとはせず、表情の変化もあまり見せませんでした。しかし、妻に対し「もの忘れなどへの指摘や注意を控えるように」と説明・指導するときだけは、Lさんはいつもにんまりとしていました。この表情の変化から、妻からの指摘などによって、ふだんはつらい心情になっていることや、意識的か無意識的かはわかりませんが、それを出さないように抑えていることなどが想像されました。

　これまでにも述べてきましたが、認知症の人は表面には見せないようにしていても、心の内にもの忘れなどの能力低下に対してもどかしさ、情けなさ、いら立ちを感じ、不安や葛藤などを抱えている人が少なくありません。しかし、警戒心、自尊心、負い目、あきらめなどの心情・心理によって、もの忘れやできなくなったこと、そのつらさなどを語らないことが少なくないのです。Lさんの場合もそう感じました。心に壁をつくってしまっているようでした。

　その固く閉じられた心の壁を開くにはどうしたらよいのでしょう。Lさんの場合、それは専門職によるアプローチだけではむずかしいのではないかと感じたため、当院の認知症カフェに参加してもらうことにしました。

④ 認知症カフェでのLさんの変化

　Lさんは、X年10月の2回目の診察後に、認知症カフェに初参加。渡邊さんとのかかわりが始まりました。

■X年10月（1回目）夫婦で参加

渡邊さんとLさん夫婦がテーブルで対面に座り、話をする。本人は
"妻に連れてこられた"感がある。最初は妻がLさんについての話を
していたが、渡邊さんが自分の苦しかった体験を話していく。

渡邊さん ：「…、計算を何度も間違えるようになって、自分自身 "お
　　　　　かしいな" ということは感じていたんです」

Lさん妻 ：「同じです」

渡邊さん ：「認知症になって、いままでできていたことができんよう
　　　　　になって "もうこれはいかん" と、それまで仕事で使っとっ
　　　　　た書類なんかを全部燃やしてしもうたんです…」（中略）「ま
　　　　　わりからごじゃごじゃと指図するようなことを言われる
　　　　　と、プライドが傷ついて腹も立ちますわな」

Lさん 　 ：（言葉には出さないが大きくうなずき、涙を拭う）

　認知症カフェを訪れた際、はじめのうちLさんは黙ってうつむい
ていて、妻ばかりが話をしていました。しかし、渡邊さんが自分の
診断直後の苦しい体験を語るのを聴き、特に認知症になってからい
ままでできていたことができなくなった話や、まわりから指図され
るとプライドが傷つき腹も立つという内容には、大きくうなずいて
いました。また途中、Lさんがうなずきながら、涙を流してそれを
拭う場面も見られました。

　そして、それからは自ら喜んで認知症カフェに参加するように
なっていきます。

■X年12月（2回目）夫婦で参加

Lさんはやや周囲の様子をうかがうように認知症カフェに入って来たが、渡邊さんのほうからあいさつをするとにこやかに応える。渡邊さんとLさん夫婦がテーブルで対面に座り、話をする。

渡邊さん：「気持ちが落ちこんでいるときには、無理にあれこれしようとすることはない。だんだんと気持ちが前向きになってきたら、自分から"これしようかな"というんが浮かんでくるけんな。無理することはないわ」

Lさん　：「…そうやな」（大きくうなずき、安堵の表情を浮かべる）

　その後の外来（X＋1年1月）では、入室時から表情が以前より明るく、「調子はどうですか」と問うと、「あんまり変わらんですけどね」と答えました。また、「いい正月だった」とも語りました。妻からの説明では、近所でみんなから「最近元気になったな」と言われるようになったとのこと。前月の12月には、居住地域の認知症カフェでの渡邊さんの講演に、自ら希望し、参加していました。

■X＋1年1月（3回目）本人のみ先に参加し、妻は外来の スタッフとの面接後に参加

Lさんのみで認知症カフェに来て、最初はやはり少し中の様子をうかがうような感じがあったが、スタッフがテーブル席へと案内するとにこやかな表情に。他の参加者が先に2名来ていたが、渡邊さんを含めテーブルを囲んで話をする。

渡邊さん：「今日は奥さんは？」
Lさん　　：「なんぞ話があるというて、まだあっちにおるわ」
渡邊さん：「（観音寺市の）大野原は弟がそっちにおってな。大野原の
　　　　　五郷のあたりは昔は家がようけあったんやけどなあ」
Lさん　　：「あったなあ（笑）」

　初回の参加時には、“妻に連れてこられた”感が強かったですが、
2回目以降それはなくなっていました。そして今回は、自ら“来
たい”という意欲が強くうかがわれました。妻と一緒に参加したと
きには、自分からはほとんど話をしていませんでしたが、今回は表
情もやわらかく、自ら世間話をする場面も見られました。
　その後の経過（X＋1年2月〜）は、外来では入室時に「こん
にちは」と自ら声をかけ、表情も比較的明るい状態が続いていまし
た。しかし、やはり質問には、にこやかではありますが、「変わり
はない」「困ったこと、気になることはない」などの表面的な返答
でした。「もの忘れはどうですか」との問いにも「あんまり気にな
らんけどな…」とまだ自ら語ろうとはしませんでした。
　一方、渡邊さんと話をするのは楽しいこと、妻からいろいろと言
われることは減っていることを本人が述べていました。認知症カ
フェではほかの利用者のように多くは語らないですが、心のサポー
トは渡邊さんからしっかり受けられている様子でした。

■X＋1年2月（4回目）夫婦で参加

> 認知症カフェに入って来たときから緊張はなく、にこやかな表情。L
> さんはテーブル側の部屋で渡邊さん、ほかの参加者、スタッフと一緒
> にテーブルを囲み、妻はとなりのソファ側の部屋で別々に過ごした。

渡邊さん：「（庭の植木について）認知症になったから、こういったも
　　　　　のの手入れができるようになった。それまでは（忙しくて）
　　　　　手入れをしとらんで、めちゃくちゃになっとった…」（し
　　　　　ばらく梅の花など植木についての説明をする）

スタッフ：「家で木を植えていますか？」

Lさん　：「それは…、植わっとる」

渡邊さん：「手入れはLさん、やる？」

Lさん　：「冷やかしみたいな感じには（笑）」

渡邊さん：「（笑）私も認知症になるまでほったらかしにしとった。認
　　　　　知症になって仕事もせんようになってしばらくひっこん
　　　　　どったんやけど、だいぶ表に出るようになったら手入れが
　　　　　できるようになった。手入れできるようになったらそれが
　　　　　また面白くなった。素人がしよるもんやけん、植木屋さん
　　　　　は気に入らんけどな。"今日はもうやめた"って何日かか
　　　　　けてやってもええし」

Lさん　：「ははは（笑）」

　今回から妻とは別々のグループとし、その影響もあるのかリラッ
クスしている様子でした。会話を楽しみ、渡邊さんらとの話に大き
な笑い声をあげていました。また、地元の話になるといきいきとし
て、自分からの発言も多かったようです。

■X＋1年3月（5回目）夫婦で参加

前回同様に、Lさん夫婦は別々のところに座り、Lさんは渡邊さんの
テーブルに着く。すでにほかの参加者もいて、渡邊さんが丹野智文
さんとの出会いを語っている話に耳を傾ける。

渡邊さん : 「クリニックではじめて認知症の診断を受けたときに
は"自分は認知症では絶対ない""そんなわけあるか"
とがんばっておったんです」「何か月か経ってぴしゃっ
とよくなったとかではなく、うつのような状態から、
そういうのに耐えられるようになった時期なんかは混
合しとるような時期があった」「はっきりと（自身の
認知症について）しゃべれるようになったころ、まだ
自分がはっきりせんと認知症の対応をしよるぐらいの
ときに、丹野さんがこっちに来られて一緒に話をし
て、そのときが1つの転機になった。だから、自分自
身だけで立ち直ったわけではない。自分だけで立ち直
るだけの力は自分にはなかった」

ほかの参加者 : 「丹野さんに助けられたというわけ？」

Lさん : （大きくうなずく）

　渡邊さん自身も、丹野さんからのピアサポートで、第3の人生
を踏み出せたと言っています。Lさんも、渡邊さんの認知症になっ
てからの体験を改めて聴くことで、深くうなずいたり涙ぐんだりす
る場面がありました。

⑤ 認知症と向き合い始めた L さん

■X＋1年4月（6回目）夫婦で参加

にこやかな表情で入室。Lさんの妻より「(本人から)〝コーヒー飲みに行きたい〟と言われた」との話あり。Lさんから自発的に認知症カフェに来たいという発言があって来たとのこと。Lさんと渡邊さんが対面に座り、コーヒーを飲みながら話をする。

渡邊さん：(翌5月の「町づくりフェア」のチラシを紹介しながら)「オレンジコンサートがあって、今日もその練習があるんよ。マリンウェーブ（会場）の壇上で歌うぶん。認知症になったからと沈んどんでなしに、喜びとか、こういったいろんなことができるということを、こんなとこでやるとな」

Lさん　　：「あんまり気にしたらいかんわな」

渡邊さん：「そうそうそう」

Lさん　　：「あんまり気にしすぎたらな」

渡邊さん：「なったもんはしょうがないきんな。そのつもりでいろいろやったらな。みんな元気でいろいろやりよりますよというのをいろんな人に見てもらったらな。そのほうがよくわかってもらえる」

Lさん　　：「そうやな…」

その後、しばらく野菜や花づくりについての話や、Lさんの地元や共通して知っている場所の話が続く。Lさんから、いつもより多く自然に話が出ている。

渡邊さん：「いま、もう認知症になって、仕事やなんやかんや全部きってしもうたからな。植木をいろうたり（触ったり）、花や

鉢植えをいろいろ始めたり。田んぼもやめてしもうたん
けど、草がよう生える」

Lさん　　：「そう考えたら稲つくっとったほうがしやすいな。そりゃ
あ月に1回ぐらいは草のけんとな…」

　いままでの参加では、表情は明るいながらも、ほとんど一言、二
言の発言でした。しかし、今回はマンツーマンでの時間が長くとれ
たこともあり、Lさんからも自然にやりとりをしていて、発言量も
多く表情もよく過ごしていました。
　また、フェアの紹介の流れのなかで、今回6回目の参加にして
はじめて、本人から自身の認知症に対しての発言がありました。渡
邊さんも、Lさんが自分の認知症に向き合い始めていることに気づ
き、Lさんの考えを支持的に受け止めていました。渡邊さんは、L
さんがそう変わってくることを、じっと待っていたのだと思いま
す。先の事例のKさんのように比較的早く変われる人もいれば、
そうではなく時間がかかる人もいます。この「待つ」ということの
重要性に、渡邊さんだけでなく私たちも気づくことが大切だと感じ
ます。
　渡邊さんとのピアサポートによって、Lさん自身がありのままの
自分を少しずつ受け入れられるようになり、前を向いていけるよう
になってきたと思います。また、Lさんの変化によって渡邊さんも
喜びや満足感を得て、やりがいや自己効力感が高まり、生きるため
の元気をもらっています。したがって、支援している人が支援され
ている人に支えられているという、双方向での支え合い、まさしく
ピアサポートが生まれているといえるでしょう。

認知症ピアサポート、認知症ピアカウンセリングの意義

さまざまな認知症の人がいますが、専門職による心理的アプローチでも限界がある、むずかしいケースがあります。Lさんの場合は特に、「認知症になった者でしかわからないだろう」「こんな若造に何がわかるのか」などと思っているのではないか、と私は感じていました。専門職としては残念ですが、当事者による当事者へのサポートでないと、心を開かない人たちもいるということです。

① あきらめが「期待感」に変わる

当然ですが、当事者でないとわかり得ないところがあります。したがって、本人は支援者に対し、特にはじめのうちは、話をしてもどうせわかってはくれないだろうと、あきらめていることが多いのではないかと思います。あきらめ以外にも、緊張や圧迫感で言いにくいとか、恥ずかしいから言えないとか、負い目を感じて申し訳なくて言いにくいなど、個々にさまざまな理由があって話さないことがあるのはこれまで述べてきた通りです。「痛い、痒い」くらいのことは言えばわかってもらえますが、本当につらい本音の部分はそうではないと感じているように思います。

しかし、一方、相手が同じ当事者なら、あきらめから期待感に変わる可能性があります。特にその相手が認知症当事者の相談員なら、なおさらそうなるように思います。実際、本当にわかってもらえるとしたら、当事者本人同士ではないでしょうか。

専門職からの勇気づけは「安易な気休め」になりかねず、そうなると余計に疎外感や孤立感を強めてしまう場合もあります。一方、当事者からの勇気づけは、本当の勇気づけの言葉として届く可能性

があります。そういった、私たち専門職にはどうしても足りないところを、補い満たしてもらえるという点がまずあります。

② 孤独感、不安感から連帯感や安心感へ

また、同じ当事者からの体験、つらい気持ちなどを聴き、「つらいのは自分だけではない」と感じることができます。それによって、孤独感や不安感が軽減され、逆に連帯感や安心感をもてるようになるということがあります。認知症の人は、非常に孤独な心理状態でいることが多いですが、一人でも自分のことをわかってくれると思える人ができると、元気や活気が出てきて、大きく変わる契機となることがあります。

上述のKさんとLさんもそうでした。特にLさんは、しばらく感じられていなかった、人と人とのつながりも感じられたでしょう。また、不安が軽減することによって、もの忘れやできなくなったことへのこだわり、とらわれも緩和していきました。

そして、渡邊さんなど、同じ当事者の元気な姿に希望や勇気をもらい、前向きなとらえ方、生き方への転換の後押しにもなっていると思います。これまで自分の悪い所ばかりにとらわれ、自分のイメージもかなり悪化していた人が、「こんな認知症の人がいるのか」と知ったり、「自分もこうなりたい」と思えたりする姿を直に見ることができます。そして、「自分もなれるのでは」と可能性や希望を感じられ、自然と勇気づけられて気持ちが前向きになり、自己イメージもよいほうに変わって感じられるようになるのではないかと思います。

また、ピアサポートの場では、自分の状況と折り合いをつけながら、認知症とともによりよく生きていくための術を、当事者同士が相談したり互いに語り合ったりできる機会をもつことにもなりま

す。その場において、自分なりの考え方、生き方を獲得していくという「人生の再構築」の手段を得る可能性も生まれます。

　能力低下ばかりにこだわらずに、能力以外の尺度でも自己の価値を感じることによって、自己像、自己将来像が改善されます。そして、いまとこれからの自分を受け入れやすくなり、能力は低下していても、その自分に合った生き方の選択ができやすくなると思います。その「人生の再構築」の権利は、認知症の人に元来あるのではないかと感じるようになってきました。

③ いまの自分に OK を出せるようになる

　認知症の人が、だめなところがある自分に OK を出せない状態のまま放置されている状況では、認知症ケアの標語にあるように「自分らしく、生きがいや楽しみをもって生きていきましょう」と言われても、それは困難でしょう。K さんや L さんのように、意識する・しないは別として、「もの忘れなどだめになったのは、自分の一部でありすべてではない」とどこかで実感できることで、いまの自分をある程度、受け入れられるようになるのだと思います。そこから、前を向いて生きていけるようになり、その人らしい「人生の再構築」も可能となるのだと思います。そのためには、ピアサポート、ピアカウンセリングなどにより、「だめになったのは自分の一部でありすべてではない」と感じられるようになることがとても重要だと思います。

　このように、ピアサポート、ピアカウンセリングによって、認知症の人は絶望感、あきらめなどネガティブな感情優位な状態から、自然にポジティブな感情優位な状態、前向きな気持ちへと移っていくことが可能となります。それによって、今後の自分のできること、楽しめること、満足できることに視点が移ります。それが「人生の

再構築」「認知症とともに自分らしくよりよく生きる」ための起点、あるいはそれを支え続けるものにもなると思うのです。

　そして、渡邊さんのように、サポートする側としての満足感、達成感、貢献感を得て、それがやりがい、生きがいともなります。また、意欲・自発性、対人関係性の改善・回復や、自己効力感の向上により自己評価も高まります。必要とされる、役に立っている感じをもつことで、自尊感情や自己存在価値が回復・向上すると考えられます。したがって、認知症になればこその、幸福感を得ることが可能となり得るのです。

④ 学びの場としての意義

　さらに、ピアサポートの場は、現場にいる専門職や家族の気づきをうながし、学びの場ともなります。そこでは、本人が心の内面を表出するハードルがいつもより低くなることが多いです。したがって、本人自身がふだんなかなか言えないけれど感じている想いを、率直に語り表情・態度に表す姿を見聞きする機会ができます。本人の変化、これまでにはない内容の語り、表情・態度などにふれ、気づきが生まれます。それによって、その人の心の状況の理解が深めやすくなり、本音、あるいはそれに近い内容の会話もしやすくなるでしょう。そして、当事者と専門職の間の心の壁が低くなり、本人は想いを語りやすく、専門職は本人の立場から考えやすくなると思われます。

　やはり認知症の人は、自分が変わっていくことを信じてもらい、それを期待されるからこそ、心の扉を開いていけるのではないでしょうか。認知症カフェの利用者が変わっていくことを「信じる」「待つ」という渡邊さんの姿からも、私たちはその大切さを学ぶことができると思います。

認知症の人のスピリチュアルケア

◇スピリチュアルケアとは

　全人的苦痛（トータルペイン）の４つの苦痛には、身体的苦痛、精神的苦痛、社会的苦痛とともにスピリチュアルペインがあり、「自己の存在や意味の消失から生じる苦痛」とされています。末期のがん患者など終末期医療を受けている人たちに、このスピリチュアルペインがあることは専門職なら既知の人も多いでしょう。スピリチュアルケアは、スピリチュアルペインに対するケアということになります。

◇認知症の人のスピリチュアルケア

　末期のがん患者だけでなく、「自分は要らない人間だ」「もう死んでしまいたい」などと思ってしまう認知症の人にも、スピリチュアルペインが存在しています。認知症になり適切なサポートがなければ、自己存在の価値を感じられなくなり、生きる意味を見失ってしまうことが多くなるでしょう。この「自分がだめになっていく」と感じる「自己価値の喪失感」が認知症の人の最大の苦しみであり、またその苦しみを伝えようとするメッセージとして BPSD の発生にもつながっているように思います。したがって、BPSD の根底に、「スピリチュアルな苦痛を和らげたい」すなわち「自分や自分の人生に生きていく価値や意味を感じたい」というニーズが隠れているのではないかと考えられます。このニーズに対する支援は、非常に重要で価値の高いものといえるでしょう。

　本来は、診断後できるだけ早期から（「空白の期間」にも）、この

スピリチュアルペインへのケア・支援を行っていくべきではないかと考えています。また、認知症の「初期集中支援」のポイントはここにこそあるのではないかと感じることもあります。しかし、この支援の重要性や可能性への理解不足があるため、診断されて自分の人生に絶望し、その後も死んでしまいたいくらいのつらい気持ちから抜け出せない人が、まだまだ多い状況なのでしょう。そして、そのまま意欲や希望を失って閉じこもりがちになり、あるいは BPSDを生じて周囲との関係性が悪化することになります。そうやって、自分の人生をあきらめてしまうことになる認知症の人が少なくないのではないでしょうか。

　しかし、このままの状況でよいはずはありません。このケアに関する理解や実践が乏しい現状を理解した専門職や認知症の人が一緒になって、これから変えていく必要があると思っています。

◇「死にたい」という M さんの事例

　スピリチュアルケアについては、外来部門や病棟において、職員とともにその重要性について話し合い、考えてきました。発症後、早期の人ではないですが、スピリチュアル回想法を用いたアプローチを紹介します。

M さん（80 歳代、女性、アルツハイマー型認知症）
主訴：もの忘れ
生活歴：六人兄弟の末子として出生。中学校を卒業。結婚後、1 男 1 女をもうける。2 子の結婚後は、夫との二人暮らし。親の介護などを終え、60 歳ごろから 70 歳代前半まで食品会社に勤めていた。
性格：気が強い、負けず嫌い、非社交的
現病歴：X − 5 年より、物をよくなくしたり、重複買いがみられたりす

るようになる。受診を勧められても拒否をしていたが、更衣にも時間が
かかるようになり、X−2年他院のもの忘れ外来を受診。アルツハイマー
型認知症と診断され、抗認知症薬を服用開始。しかし、その後、受診と
服薬が中断していた。X年になると、電化製品が使えなくなり、会話も
成り立たないこともみられるようになり、当院へ受診。改訂長谷川式簡
易知能評価スケール15点で中等度アルツハイマー型認知症と診断され、
以後は当科へ通院となる。X＋3年、易怒的となるなど夫の介護負担が
増悪し、また下肢筋力の低下も顕著となったため、当院へ入院となった。

　入院してからのMさんは、スタッフに対し険しい表情で「早く
家に帰りたい」と終日、訴えるようになりました。また、ときどき
涙ぐみ「頭が変になって死にたい」と話すこともありました。その
姿を見て、スタッフは認知症の人にありがちな帰宅願望だと思う一
方、Mさんが入院によって体験している不安はどういうものかを
考えるようになりました。また、「死にたい」という発言に対して、
どのように向き合えばよいのか、Mさんがいままでの人生をふり
返り、自分の生き方をとらえなおすことができないか、これから生
きていこうとする手助けはできないかと考えるようになりました。

◇Mさんを理解するために

　そこで、まずMさんを理解するために、日中の様子を把握しま
した。Mさんは居室から出てくるときの表情や態度が険しいこと
が多く、「家に電話して」とよく訴えていました。この様子から居
室で過ごしている間も、Mさんのなかで不安な状態が続いている
のではないかと考えられました。そして、自分がなぜここにいる
のか理解できないために、顔を強張らせてドアを勢いよく開けている
のではないかとも考えました。そのため、居室から出てきたときは

スタッフから声をかけて、Ｍさんの怒りなどの気持ちをできるだけ受けとめるよう努めることにしました。

　その後、同テーブルのほかの認知症の人からの声かけもあり、Ｍさんは少しずつ話すようになっていきます。Ｍさんがテーブルでいつも話していたことは、次のようなことです。

● 漁師町に生まれ、４〜５歳のころに兄２人が戦死。知らせを聞いた母親はこれでもかというほど泣いていた。話しているときのＭさんの表情には、やるせなさや怒りが込められているようでした。

● 中学を卒業してから縫製工場に勤め、夜は編み物を習いに行き、そのころ編んだセーターはいまでも大事に着ている。Ｍさんはうれしそうに話していました。

● 結婚するまでは料理をつくったことがなく、姑さんから料理を教わった。はじめて教えてもらった米の研ぎ方と水加減には自信があると話していました。

● 自分の子どもだけでなく、親を亡くした甥の面倒もみた。子育てが一段落すると、実家の親の介護で忙しくなった。夫の親の介護も同時に行い、夫は八人兄弟の六男。ほかの兄弟は見て見ぬふりで手伝ってくれなかったとのこと。家の近くの川で汚れたオムツを洗ったときはつらかったと、怒りを込めて話していました。

● それぞれの親を看取ってから、食品会社に働きに行った。そのうち手が震えるようになり、それがもとで退職に至った。その後は家での生活が中心となり、何もしない時間が長くなった。この話をしている際には、自分へのふがいなさを感じていることがうかがえました。

● そのような生活を続けているうちに、認知症の症状が出てきたようです。それで、いままで厳しかった夫が少しはやさしくなったとのことでした。一方、入院してから甥が見舞いに来ないことには腹が立つと話しています。

このようなさまざまな話をするなかで、Mさんが語ろうとしなかったことには、7〜8年前の息子の死があります。ほかの認知症の人から子どもは何人いるかと聞かれた際、「2人…。娘と息子。息子は死にました」と言ったきり、話さなくなってしまいました。うつむき、それ以上聞かないでほしいといった表情でした。Mさんがどのように生きてきたのか、少しずつわかってくる一方で、認知症とともに、前向きに生きていくにはこれから先どうすればよいのか、スタッフの模索が続きました。

◇スピリチュアル回想法の実施

そんなとき、ほかの認知症の人同士のふだんの会話で、悲観的な発言から始まり、最後は前向きになっていく場面を見かけるようになります。認知症の人同士が励まし合い、前向きな発言へと変化していくのはなぜだろうか。同じような場面を数回確認できたあたりから、スタッフも認知症の人同士の話に入り、悲観的な発言から前向きな発言へと変わる過程を体感してみたいと思うようになりました。また、認知症の人たちの話にスタッフも参加させてもらうことで、新しい気づきがあるかもしれないと考えました。

そして、Mさんに、生きる希望を見出して前を向いて生きていけるようになってもらいたいと思うようにもなり、「スピリチュアル回想法」をヒントにして、取り組んでみようと考えました。「スピリチュアル回想法」とは、オーストラリアの看護師であり牧師でもあるエリザベス・マッキンレー氏が考案したもので、対話を通して、本人が人生をふり返り生きることに意味を見出せるように援助する手法です。回想法においては、人生のなかで喜びや悲しみをもたらしたものを中心に語り合い、認知症の人の情緒の安定とQOLの向上が得られるように導いていきます。

今回は、Mさんを含めた80〜90歳代の認知症のある女性4人が、回想法に参加しました。

参加者	性別	病態	生活歴
Mさん (80歳代)	女性	アルツハイマー型 認知症	身内の世話をしてきた
Nさん (90歳代)	女性	アルツハイマー型 認知症	20歳代で夫と死別、 子ども2人を育てた
Oさん (90歳代)	女性	アルツハイマー型 認知症	美容院を経営していた
Pさん (80歳代)	女性	アルツハイマー型 認知症	よく働き、財産を築いた

　実施場所はMさんのいる病棟ユニットのなかで、日中30分程度行いました。回想法の進行は、ふだんかかわっているスタッフ1名が行いました。進行するにあたり、傾聴と共感に加え、参加者のネガティブな発言にこそ耳を傾け、心の奥にある痛みに向き合おうと心がけました。参加者の言葉や感情を、スタッフ自身の価値観で評価するのではなく、できるだけそのまま受け入れてみようと取り組んでいきました。

　最初は「つらかった思い出」をテーマに話し合うことにしました。最初につらかった思い出について話すことには少し躊躇もありましたが、参加者はふだんからネガティブな話をしていたので、かえって話しやすいのではないかと思い、あえて今回の最初のテーマに設定しました。

◇ **回想法でのMさんの様子**

　つらかった思い出については、Nさんが「空襲警報が怖かった、

足がすくんだ」と話すと、「そうそう私も…」とMさんが続き、O
さんPさんもつらい体験を語りました。Nさんが、「いま生きてい
るのは幸せ」と言うと、全員がうなずきました。全員が「ほんとう
ですね」と共感できたことや、そのなかにMさんがいたことに意
味があると思いました。また、Mさんは参加者の話を聞いている
うちに、その時代を思い出すことができ、いま現在、生きているこ
とを実感できたのではないかとも感じました。

　次に、「さみしいと思うことはありますか」というテーマで話し
合ったところ、Oさんは「さみしいと思うことはない」、Mさんも
「私もないです」と言いました。一方、Pさんは「私は1人になる
夜が怖いです」と言いました。1人になると、施設に入所してい
る夫のことを考えてしまうそうです。そんなPさんをMさんは「家
族がしっかりみてくれていますよ、大丈夫」と励ましていました。
そして、Nさんは「娘が来なくてさみしい」と話しました。Mさ
んは参加者へ「大丈夫」と言いながら、自分へも言い聞かせている
のではないかと想像しました。Mさんは「さみしくない」と言い
ましたが、Pさんの夫への気遣い、Nさんの娘への期待はMさん
にも同様の想いがあると思われ、2人の発言に共感しているので
はと考えました。

　回想法を10回ほど継続したあたりから、参加者からの発言が多
くなってきました。そこで、これまで聞きにくいと思っていた「も
の忘れ」について話し合ってもらうことにしました。

　テーマは「よく忘れることはありますか」というものですが、M
さんは頭を叩きながら「あるある。私はもう頭が変になっているよ
うで」と言いました。すると、Pさんは「そんなの数え切れないく
らいあります。さっき食べたご飯がわからなくなります」と言いま
す。それに対し、Mさんが「あります、あります」とうなずいて

いました。そして、Ｐさんは「自分も歳をとったなと思います。できていたことができなくなるので、もどかしいです」と話していました。この会話のなかで、Ｐさんがもの忘れをどう体験しているか話してくれたことが、Ｍさんにとって心の助けとなったでしょう。

　自分だけではなくＰさんも同じように感じていると、Ｍさんは感じられたと思います。そのことで安心感を得て、孤立感、孤独感を和らげることにもつながったのではないかと考えます。「もの忘れ」について聞くことが、参加者の自尊心を傷つけてしまわないかと懸念していましたが、テーマを投げかけると意外にもすらすらと話をしてくれました。

　最後に「これからの人生、どう生きていくか」をテーマに話し合いました。Ｏさんは、「どう生きたいかなんて、特に考えていない。もう片手で数えるくらいしか生きられない」と言い、Ｐさんは「私は、もう子どものことは心配ないと思う。先祖の墓をきれいにして、死んでいきたい」と話しました。Ｎさんは「先祖の墓を大切にしなくては、仏に会って顔向けできないね。私はまわりの人が元気にやってくれたらそれでいい」と言って、特に娘が元気ならよいと話しました。そして、Ｍさんはほかの参加者の話を聞き、笑顔で「親戚やみんなが、元気ならいいです」と発言しました。このＭさんの発言は、参加者の話していることに影響を受けて、自分の気持ちが変化したものかもしれません。そして、回想法のなかで、Ｍさんは明るい表情で話をするようになってきました。

◇Ｍさんの変化

　このように、Ｍさんは回想法に参加していくうちに、グループのなかで自分の想いを前向きに話せるようになっていきました。それは、回想法がまわりを気にしなくてよい空間で行われ、何を発言

しても責められない場所であったからだと思います。また、参加者同士共通していることが多く、同じ入院している身であることや同じような年代であることなどが、Mさんに安心感を与えた面もあるでしょう。そして、回数を重ねていくうちに、参加者同士の信頼関係を築けたことがとても大きかったと考えます。互いの存在を肯定的にとらえ、その価値を感じられるようになったのではないでしょうか。これらのことが、Mさんの発言が前向きになった要因でしょう。

　Mさんは息子の死について語ることはありませんでしたが、Mさんの息子への想いをうかがえる場面はありました。兄の戦死を知って母親が泣く姿について話すMさんの表情にやるせなさや怒りが感じられましたが、それは母親の姿に息子を亡くした自分を重ねていたのではないでしょうか。また、回想法のなかで「頼れる人はいますか」と聞かれた際、Mさんは激怒したことがありました。それは、頼れる存在だった息子がもういないという大きなつらさを掘り起こされたからかもしれません。Mさんが息子について語らないことは、その分心の深いところで息子を大切な存在だと思っていることを表していると考えました。

　そして、「頭が変になって死にたい」と語っていたMさんですが、回想法を継続するうちに、そのような悲観的な訴えはみられなくなっていきました。また、参加者と話すなかで、自分の想いを表出できるようになり、もの忘れについても話すことができるようになりました。いまの自分を、ある程度認められ受け入れられるようになったから、「死にたい」という訴えが消え、負けず嫌いのMさんが自分のだめな部分についても語れるようになったのでしょう。

　さらに、Mさんは当初「手がしびれるから、茶碗を落としたら怖い」と言っていましたが、食器洗いを1日1回、自らするよう

になりました。このことは、回想法のなかで自分の想いを伝えられるようになり、Mさんに「何かやれそう」という気持ちが出てきたからではないかと考えられます。グループでの話し合いを重ねていくうちに、Mさんの心のなかから湧き出てきたものでしょう。自分自身への可能性や自信を感じられたのではないでしょうか。

　以上のように、スピリチュアル回想法を行うなかで、自分だけが認知症になって悩んでいるのではなく、同じ体験をしている者同士、体験を分かち合うことで心が癒されたのだと思います。また、Mさんはこのような状況で話すことによって気持ちが落ち着き、考えがまとまっていったと考えられます。そして、回想法での会話が、Mさんの生きる力と生きる意味につながっていったと思えるのです。これからも、認知症の人の語りをつないでいき、参加者同士が話し合うことでわかり合うことができ、互いに心強く価値ある存在となれるよう支援していきたいと思っています。

（坂本亜子、伊瀬まゆみ、大塚智丈）

参考文献 ···

E. マッキンレー・C. トレヴィット、馬籠久美子訳、遠藤英俊・永田久美子・木之下徹監『認知症のスピリチュアルケア　―こころのワークブック』新興医学出版社、2010 年

Part

3

家族や周囲の専門職への
はたらきかけ

1 認知症の人の家族へのかかわり

2 周囲の専門職へのはたらきかけ

1 認知症の人の 家族へのかかわり

1 家族の心情・心理

① 家族の不安や想いに対する配慮

　自分の身内が認知症と診断され、その介護を担わなければならなくなったとき、家族はどのような気持ちになるのでしょうか。認知症を告知された後、認知症をあまり疑っていなかった家族は、驚き戸惑うことでしょう。また、ある程度、可能性を予測していた場合でも、実際に診断・告知されれば、本人だけでなく家族も、これからの生活や将来に対して大きな不安を感じることでしょう。不安のほかにも、葛藤、怒り、失望、抑うつなど、さまざまな心理状態になり、情緒的な混乱が起こります。家族によっては、診断後もしばらくの間、認知症であることを信じようとせず否定し、いわゆる「否認」の状態になる場合もあります。

　そして、診断後は家族にも、進行していくことに対する恐れが生じます。したがって、家族は認知症が進まず、悪くなっていかないように願い、多くの場合よかれと思って、さまざまなことを考えたりしようとしたりするでしょう。しかし、それがいつも適切に行われるとは限りません。むしろ、何らかの支援がなければ、不適切なことをしてしまう場合が多いです。

　家族は専門職ではないので、最初から適切に対応することはもちろん、本人の心情・心理に気づくこともふつうはむずかしいでしょう。したがって、本人の言うに言えないつらい状態や気持ちを察して、もの忘れなどへの指摘や注意を控える家族は少数です。それよ

りも、悪くなっていくことが不安で、またしっかりしてほしいという願いもあり、叱咤激励などをしてしまう家族が少なくないと思います。よかれと思って、愛すべき家族である本人を心配して注意してしまうのです。

　これは家族としてあたりまえの姿であり、本人への想いが強いために生じてくるという見方もできます。したがって、特に最初はこのような状況でも、それを否定的にとらえないように注意すべきだと思っています。専門職から見れば不適切な言動、行動であっても、本人への善意でしているという肯定的な見方も大切です。もし、最初から専門職が否定的なとらえ方、考え方で指導すれば、その態度が家族に伝わり、よいほうへ変えられることも変えられなくなるでしょう。このような家族の心情や状況をよく理解しておかないと、家族の協力や行動変容が得られず、本人への支援がうまくいかなくなることがよくあります。

② 本人と家族が同じ方向を向けるように調整する

　認知症の人の家族は日常生活のなかで、悪化・進行する認知機能障害、ADL の低下や、行動・心理症状（BPSD）などと付き合って支えていかなければなりません。したがって、負担が大きくなり、本人の立場に立って考える余裕がなくなり、不適切とわかっていても叱咤激励などをしてしまう場合も起こってきます。認知症が進行することは本人が悪いわけではないですし、本来、本人も家族もどちらも悪くはないのです。しかし、すれ違いが起こって、両者が対立的になってしまっているという、双方にとってとてもつらい状況です。したがって、その間に入って状況を把握し、できるだけ両者が同じ方向を向いていけるよう、しっかり関係を調整し改善していく支援が必要になります。

また、指摘、注意・叱責、指示・助言、ドリルなどの認知課題の強制などをしたくなる背景には、やはり家族の不安があります。その不安が過剰に大きい場合もまれではありません。なので、その不安を軽減するアプローチが重要となります。

　その不安の要因として、本人と同様に、家族にも悪すぎる認知症観があります。偏見や固定観念のために、家族も必要以上に今後を悲観視して、心の余裕がなくなり不適切な対応をすることが少なくありません。また理解不足から本人に負のレッテルを貼り、「本人はわからなくて何も感じていないからいいけれど、家族は大変」などと思ってしまう家族も、いまだにいます。したがって、認知症観を改善するための説明の際には、本人とともに家族にも同席して聴いてもらうようにしています。そして、その説明をくり返し行わなければならないことが多いのが現状です。

② ともに暮らす家族の葛藤と負担感

① 家族の「3つの葛藤」

　通常、本人も家族も、可能な限り自宅での生活の継続を望んでいるでしょう。したがって、在宅介護を継続していくために支障が生じる状況についても理解が必要になります。家族の立場からの「在宅介護に対する負担感や困難となる要因」などについて、少し解説します。

　一般に、認知症の人を介護する家族には、認知症の本人、家族のほかのメンバー、そして自分自身との3つの葛藤がある[2]と言われています。本人に対しては、「なぜ言うことを聞いてくれないのか」「どうしてわかってくれないのか」などと思ってしまいます。認知症の人が困難としていることについての知識や理解が十分でな

いと、これは強まるでしょう。この部分に対しては、専門職による十分な説明が必要となります。

　家族のほかのメンバーに対しては、「自分の苦労やつらさを理解してくれない」「自分だけに押し付けられている」などというものがあります。これについては、相談相手や補助介護者がいるかいないかで大きく変わってくるでしょう。また、実際には手伝ってもらえなくても、ほかのメンバーからの理解やねぎらいの言葉など情緒的サポートがあれば、孤独感など精神的負担感は少し改善されるのではないかと思います。

　自分自身に対しても、いま自分がしている介護でよいのかと疑問を感じたり、注意・叱責してしまうことへの罪悪感をもったりして、葛藤が生じることがあるでしょう。適切な対応や介護ができているとは思えない自分や、頭ではよくないとわかっていても感情的な行動を抑えられない自分への苦悩を感じている家族もいるでしょう。その苦悩を理解してくれて、相談にも応じてくれる人の存在がやはり望まれます。いない場合は、自分がしている介護やうまく介護できない自分になかなか OK を出せず、つらい状態が続くことになるでしょう。

② 家族の介護負担感

　このように、さまざまな葛藤や孤立感をもつ認知症の介護家族には、専門職による支援やそれ以外にも、家族の会など同じ立場の人との交流の場での、家族のピアサポートがやはり有効であると考えます。

　在宅介護の負担感については、続柄、年齢、性別など、介護者の属性によっても異なる傾向があります。これについては詳しくは述べませんが、近年、男性介護者が増える傾向があります。男性介護

者は一人で抱え込み孤立しやすく、介護虐待の多くが息子や夫であるなど課題があります。そして、上述のような心理的葛藤、孤独・孤立感以外にも、いつ終わるかわからない介護を続けることへの不安、健康維持への不安、経済的負担、社会活動などの自由の制限など、在宅介護の負担感を生じ、大きくさせるものが多くあります。

　介護をずっと続けることなど将来への不安に対しては、専門職による認知症観の改善やサービス利用の説明などのほかに、家族の会への参加が有効と考えます。長く介護をしている先輩介護者などとの交流で、体験や助言を聴くことも不安の軽減につながるでしょう。また、長丁場になりますから、補助介護者や介護に協力してもらえる人を一人でも増やせるように、同居以外の家族、親戚、友人、近隣住民、ボランティア、当事者組織、相互扶助団体など地域の社会資源などにも、専門職側からアプローチしていくことが必要な場合があります。

　もちろんデイサービスなどの利用が必要な場合もありますが、既存の制度としてのサービスだけではなく、さまざまな社会資源の発見、発掘や創造ができるような専門職が増えていくことを願っています。これは家族だけでなく社会の経済的負担を軽減することにもつながります。「既存のサービスを当てはめて終わり」のような認知症ケアから脱却できれば、専門職としての達成感や自信も向上するでしょう。

③ 在宅介護が困難となる要因と専門職のかかわり

　在宅介護が困難となる主な要因としては、健康状態の悪化、補助介護者や相談相手の不在、認知症の本人との関係悪化、家族・親族間の葛藤・軋轢、認知症や介護への理解の程度などがあげられるでしょう。健康状態や家族・親族間の葛藤・軋轢については、悪化防

止や改善を図れるよう助言するなどの支援は必要です。しかし、もともとの状態も影響し、現実的には介入による改善が困難な場合がしばしばあります。一方、相談相手の不在、本人との関係悪化、認知症や介護の理解の程度などについては、専門職の努力によってある程度、改善可能なことが多いと考えられます。

　相談相手については、良好な関係が構築できれば、専門職やほかの介護家族などがなり得ます。家族の不安、葛藤、疲弊感、孤立感、被害感情、罪悪感、悲哀感などの心理的負担が過大となる前に、相談できる相手と場所を専門職が考えて、つくっていくことが必要でしょう。特に、なかなか自ら相談相手をつくれない家族の場合は、一人で抱え込まないように、こちらからうまく導いていくことが求められます。

　本人との関係悪化については、早期に本人と介護家族の間に介入できれば、多くの場合防げるのではないかと思います。発症初期には、家族は本人の変化に驚いたり戸惑ったりすることが多いでしょう。例えば、これまで穏やかだった人でも、ささいなことで怒るようになる場合があります。家族の立場からすれば、それがなぜかがわからないと、余計にストレスを感じることになります。すると、イライラしやすくなって、だんだんと強い口調、固い表情で注意してしまうことが多くなります。それを受けて本人もストレスを感じ、さらに怒りっぽくなってしまうでしょう。それでさらに、家族も強いストレスを感じてしまいます。このように、放っておくと本人と家族の想いのすれ違いがどんどん大きくなって、ストレスのぶつけ合いになってしまいます。

　しかし、このすれ違いは軽いうちなら、本人の心理状況を説明するなど、専門職の介入によって、その改善や悪化防止ができるでしょう。「本人がよく怒るようになった」と家族が言うときには、「そ

れはご家族が何か言った後ではないですか？」と問うようにしています。すると、ほとんどの家族は「そうです」と答えます。そこから、なぜ家族の発言の後に怒るのかについて、本人の立場から説明していきます。具体的には、本人の能力低下からくるままならなさ、情けなさ、いら立ち、そして指摘されたときの気持ちなど、心情・心理について、その気持ちの代弁をしながら説明をします。

　また、多くの場合、指摘された本人は、自分の言動・行動だけではなく自分全体を否定されたように思ってしまっています。そして、自尊心の低下が生じるという、認知症の人の心の「からくり」[3]についても説明します。もちろん、家族の立場から先述のように、よかれと思って言っていることも伝えます。このようにして、関係悪化の予防を図っています。

　認知症や介護の理解の程度については、認知機能障害、生活障害や介護サービスなどの説明は必要ですが、それだけでは認知症を十分に理解できるとはいえないでしょう。家族は本人と適切にかかわることができない場面が多くなります。悪すぎる認知症観、外からはわかりにくい認知症の人の想いや体験などの説明を、家族の認知症観、人間観、介護観や理解力などに配慮しながら行い、またほかの家族との交流をうながすなどによって、理解の向上を図る必要があります。特に理解不足が顕著な介護家族には、継続的に粘り強くアプローチしていくほかに方法はないように感じます。そして、一歩一歩少しずつ理解が進むのを、期待して待つ気持ちが大切です。

④ 家族の負担感や自己否定感が増さないように配慮する
　これらのことを理解したうえで、さまざまな状況の家族に対するアプローチを、個々のケースで行っていくことが専門職に求められています。そのためには、まず、主介護者と本人の関係とそれぞれ

の周囲との人間関係の状況、健康状態、サービスの利用状況、補助介護者の有無などの情報を把握・確認するようにしています。そして、本人との葛藤が強まっている場合は、助言・指導の前に家族の苦労をねぎらいます。家族の介護負担感や自己否定感などがさらに増強しないように配慮し、工夫していくことが重要です。

　もともと本人との関係が悪い場合は、通常、本人と家族介護者を離すことやほかの援助資源の利用をまず考えるようにします。かかわりを最小限にするよう努めることが、やむを得ず多くなります。また、少数ですが虐待の可能性のある場合、介護者自身が虐待の自覚がないことがありますので、その指摘には注意が必要です。

③ 家族が認知症を受け入れられるように

① 家族の行動や言動の背景を肯定的にとらえる

　認知症の人の家族には本人の心情・心理について、本人が語ろうとしない想いを代弁して伝えていくことになります。同時に、可能な限り認知症を受け入れていくためにも、家族にも悪すぎる認知症観があれば改善のための説明を、本人と同様にくり返し行っていきます。

　しかし、家族が認知症を受け入れられるようになるのは、当然ながら容易なことではありません。なかなか受け入れられない家族の場合は、その気持ちも理解しながら、アプローチを進めていくことになります。そのために、認知症の人の場合と同様に、家族にも「支援者」として認めてもらうことがまず必要です。家族の側にも立ち、かかわりの苦労をねぎらうとともに、行動変容をうながすためにも家族の言動や行動の背景をまず肯定的にとらえて伝えていくことが大切です。

例えば、注意・叱責をする家族に対しては、その背景には「悪くならないでほしい」「しっかりしてほしい」などの想いがあることを肯定的に表現します。「家族であればよかれと思って注意をすることが多いです」「本人思いの家族なら特にそうなるでしょう」などと家族の善意を代弁するように説明します。家族のなかには、自分の言動を専門職から責められるのではないかと感じている人もいます。しかし、このような説明によって家族は、専門職からある程度、理解、あるいは是認されたと感じるでしょう。専門職側の説明や指導を受け入れる、家族の心理的ハードルも下がると思います。

　さらに、「もの忘れや失敗などが増えれば、本人も家族もいまのような状況になることが多く、これはふつうのことです」と説明し、「本人も家族もどちらも悪くないのです」と強調して伝えます。でも、すれ違いが起こっていて、このままだと両方のストレスや葛藤が強くなっていき、介護破綻など本人・家族とも大変な状況になりかねないことをしっかりと説明します。そして、「今後のご自身のためにも指摘や注意などを減らしていただくように」「認知症の人のもの忘れや失敗がなくなるのはむずかしく、変われるのは家族のほうなのでよろしくお願いします」と家族に伝えます。これらの説明によって、すべての家族が変われるわけではないですが、指摘・注意がエスカレートしていくことは少なくなると思います。

　この際、家族の性格、本人との関係、負担感などの状況を把握しながら押し引きします。すでに本人への憤りや負担感が非常に強くなっている家族の場合には、本人との距離をとれる状況をつくっていくなど、まず負担の軽減を図ることが優先的となります。

② 本人・家族双方の心の安定につなげる
　家族は注意・叱責をくり返すうちに、罪悪感をもつことが少なく

ありません。この場合、注意・叱責を受ける本人のみならず家族にも自己否定感が生じ、介護への不安や負担感、否定感が増大しやすくなるでしょう。しかし、もし逆に家族が、能力低下の部分よりも本人が喜びや満足感を感じることに視点を移し、それを増やすことができれば、家族の満足感、自己肯定感、介護肯定感の向上につながると思います。本人の状態もよくなり、不安などのネガティブな感情、自己否定感が改善し、結果として BPSD も軽減に向かうでしょう。

　したがって、家族にある程度心の余裕がある場合は、能力低下よりも本人が楽しみや快さを感じられること、やりがいを感じてできることに目を向けるように依頼し、よい部分を活かすよう協力を求めます。それが本人と家族双方の満足感、心の安定につながることを説明しています。

③ 能力に偏った価値観を変えていく

　家族に対しては、以上のようなアプローチを行いつつ、徐々に認知症を受け入れていくのを待つということになります。

　しかし、ただ待つだけではなく受け入れやすくなるように、家族の視野が「できる、できない」など能力に偏りすぎていることに、家族自身が気づけるようなアプローチは行っていくべきだと思っています。変わることがやや困難な部分ではありますが、家族のもつ人間の存在価値尺度や人間観が、認知症の受け入れに大きな影響を与えるからです。

　多くの現代人の心のなかには、能力偏重主義的な人間観が存在していますが、それに気づくことができれば能力低下へのとらわれは緩和して視野が広がり、その分認知症を受け入れやすくなるでしょう。知的能力以外にも、人間には本来、多くのさまざまな存在価値

尺度があるはずです（p168 参照）。

　また、認知症のピアサポートのなかで紹介した認知症カフェも、家族の会と同様に家族同士のピアサポートが可能となり、家族も認知症を受け入れる心の余裕が生まれやすくなります。同時に、活き活きと過ごしている認知症の本人の姿を見て、認知症観がさらに改善され受け入れやすくなる場合があります。さらに、認知症カフェに参加している当事者から家族が説明を受けて、本人への接し方が変わったり、認知症を受け入れやすくなったりすることもあります。

④ つらい体験を夫に伝えた Q さんの事例

① Q さんと家族の状況

■ Q さん（70 歳代、女性、アルツハイマー型認知症）

X − 2 年ごろより、同じ話をくり返すようになり健忘症状が出現。また、意欲の低下もみられるようになる。X − 1 年ごろからは、同じことを聞く頻度が増え、買い物でも同じ物を買い、必要な物は買えないことが多くなった。そのため、他院認知症外来を受診し、認知症の可能性を指摘され、抗認知症薬の服用を開始。
その後も、服薬忘れが多く、声かけが必要となり、携帯電話の使い方もわからなくなった。日付や時間の感覚も曖昧になる、病院で自分の住所を記入する際にそれができなくなるなど症状が悪化し、夫とともに当院に受診。精査の結果、軽度のアルツハイマー型認知症と診断。Q さんと夫に告知した。

　まず、本人と家族の置かれている状況の確認を行います。Q さんの場合、夫との二人暮らしをしていますが、娘が近所に住んでい

ます。夫は兄弟や親戚とは交流が乏しいですが、娘には協力が必要なときに補助介護者として頼める状況です。Qさんと夫、Qさん夫婦とほかの家族とのもともとの関係はすべて良好でした。

　夫婦とも、生活習慣病などはあっても、健康状態に大きな問題はありません。当院初診時、介護サービスは未利用。内科へは通院していましたが、当院受診以前の認知症外来受診は一度だけで、身体面以外で専門職に相談できる状況ではありませんでした。したがって、認知症や介護に対する理解は、十分とは考えられませんでした。また、個人的にも娘以外には相談できる相手はいませんでした。

　Qさんはもともと控えめな性格で、無口で遠慮深く、引っこみ思案なところがあるとのことでした。認知症になって、さらに言いたいことを言いにくい状況になっていると想像されます。一方、夫は几帳面である一方、はっきりものを言う性格で、イライラして指摘や注意をしてしまっている様子で、もともとはよかった夫婦の関係が少し悪化してきているようでした。

　娘は近所にいて頼みごとはできますから、夫は一人で介護を抱えこむ必要はありません。また、本人の認知症も軽症で身の回りの世話がさほど必要なわけでもなく、客観的な介護状況としてはまだ余裕があるといえます。

　しかし、Qさんの日常生活上での失敗やできないことが増えていることで、夫がイライラしがちになっていました。夫自身の性格も一因と思われますが、夫の焦燥感や葛藤など精神的ストレスは軽いものではないようでした。これを放置しておくと、Qさんの症状が進むにつれて、夫の精神的負担もさらに大きくなっていくことが予想されました。夫からの指摘や注意、叱責がエスカレートしていき介護破綻に結びつく可能性も考えられます。したがって、Qさんと夫の間に、専門職による早期介入が必要と考えられました。

② Q さんの心情・心理を夫に伝えるアプローチ

　客観的にはある程度余裕があるはずの夫のストレスの大きさには、性格以外にも本人の心情・心理への理解の乏しさ、その背景にある認知症に対する悪すぎるイメージが影響しているようでした。性格は変えることが困難ですが、心情・心理への理解や認知症観の改善は時間と回数をかければ、比較的可能なものです。Q さんの心情・心理や認知症への正しい理解、そして Q さんの失敗やできないことへの容認、これらが夫のなかで少しずつ進むよう説明を重ねていくことにしました。そのために、もともと無口で控えめな Q さんのつらい体験や心情が表出され、夫に伝わるようにアプローチを開始しました。

■ 診察時の Q さんとの会話の一部

（前略）

私　　　：「もの忘れはどういうところで感じますか」

Q さん：「やっぱり、主人がああいう、こういう言うのではいかんなと思ったり…」

私　　　：「ご主人さんに何か言われるのですか」

Q さん：「あんまり気に入らなかったら…」

私　　　：「ご主人さんの言う通りにできなかったり、気に入らないことをされて、注意されるのですか」

Q さん：「気をつけてはしよんやけど…」

私　　　：「もの忘れが増えてくると、注意されてもなかなかやることはむずかしいですね？」

Q さん：（うなずく）

私	：「一所懸命にされていても、やっぱり忘れてしまうということでしょうか」
Qさん	：（うなずく）
私	：「精一杯努力してやっておられるけれど、むずかしいと感じておられるのでしょうか」
Qさん	：（何度もうなずく）
（中略）	
私	：「忘れることに対して自分でももどかしいとか感じられていますか」
Qさん	：「そこまでは考えてないですけど…」
私	：「情けないとか？」
Qさん	：「そうやな…」
私	：「恥ずかしいとかは？」
Qさん	：「いかんようになってしもうて…」
私	：「どういうところで恥ずかしいと？」
Qさん	：「"ああいうふうに言われたってちゃんとできんのやろか"って言われるし…、つらいなぁと思って…」
私	：「情けないし恥ずかしいし、がんばっているけどできないというご自身につらいと感じておられるのですね」
Qさん	：（何度もうなずく）
私	：「そこに"そんなんじゃいかん""しっかりせえ"と言われたら、もっとつらくなりますか？」
Qさん	：（何度もうなずく）

　問診のなかで、自分が情けない、恥ずかしい、つらいと感じていることを、Ｑさんは吐露しました。このやりとりを夫に横で聴いてもらい、ふだん自分からは語れない本人のつらい心情の理解をう

ながしました。また、これらの感情や想いは、認知症の人にはよく生じるふつうのものであること、そして、その特有の心情・心理についても、ほかの人と同様に説明しました。Ｑさんの場合、努力してもできないことを責められるつらさを感じていること、またそのつらさをだれにも理解してもらえないという、二重のつらさを抱えていることも夫に話しました。

③ 夫の心情への配慮

　一方、夫の心情にも配慮し、「ご主人さんも、もの忘れが心配で言われていると思います」という話をすると、Ｑさんもうなずいていました。夫もよかれと思って、「しっかりしてほしい」「きちんとしてほしい」と思って言っているのは事実と思われました。したがって、専門職ではない夫が注意をしてしまうのは、最初のうちは仕方がないといえます。そのことを両者に説明しました。また、Ｑさんができないことも、夫が注意してしまうことも、ふつうはよくあることでどちらが悪いわけでもない、しかし思いのすれ違いがありこれは改善していく必要がある、などのことも伝えています。

　このように家族の心情にも配慮しながら説明すると、通常は本人の隠れた気持ちが家族に伝わることが少なくありません。しかし、Ｑさんの夫の場合はそう簡単にうまくはいかず、この時点ではまだあまり伝わっていないようでした。そして、「できる、できない」という能力低下へのとらわれやこだわりも大きいと感じました。

■夫とのやりとり（一部）

（前略）
私：「Ｑさんは注意をされてしまうと、やる気もなくなってしまいま

す。できていないことを注意しないほうがいいと思いますが？」

夫：「そうは思うけどね…。前にできていたことができんようになっ
　　て…。もうこれ以上進んだら困るからと思って」

私：「できないのは認知症のためなので、これは増えていくものなの
　　です」

夫：「それで、"そういうことしたらいかん、こうせい"って言わない
　　かんので」

私：「言われても変わらないですし、いままでできていたことができ
　　なくなったのは認知症のためで、Qさんが悪いわけではないので
　　す」

夫：「それはわかっとるけどな」

私：「悪いわけではないのに、責めるような態度で言われると、Qさ
　　んはかなりつらく、やる気もなくなってしまうと思うのですが」

夫：「そう思うけどね…。こっちも"もぅー"って思う」

　家族には、できなくなることで家族も困るという思いや、できな
くなるのは家族から見ても人として情けない、悲しいという思いが
あることが多いです。Qさんの夫の心のなかにもあるようでした。
「妻の日常生活の能力が今後、低下し家族の負担が増えていく。以
前のしっかりしていた妻を失っていく」。このように感じ、不安や
恐れ、焦りが強まってきているのではないかと思われました。また、
「注意すればできるようになるのではないか」という、誤った期待
をしているところも少しあり、Qさんへの指摘や注意につながっ
ているようでした。この点でも認知症の正しい理解が必要でした。

　また一方、夫は「わかっていても言ってしまう」という葛藤もあ
るように話しました。しかし、実際には十分にわかっているわけで
はなく、葛藤の大きさの一因としても、認知症への偏見や理解不足

がまだ残っているようでした。

　一般に、家族も認知症への偏見が強く、負のレッテルを貼っていると、その分不安や「情けない」などのネガティブな感情が診断・告知後に大きくなります。すると、どうしても注意・関心が悪いほう、能力低下の部分ばかりに行きやすくなり、自然と視野が狭くなってしまいます。それで、ただただそこを何とかしなければと思うばかりになり、本人を叱咤することが多くなってしまいます。この状況では、認知症の人の気持ちを理解しようとする心の余裕を失っていることが多いでしょう。本人のできるところやよい部分に目を向けることもむずかしくなります。また、認知症に対する悪すぎるイメージなどによって、「今後どうなっていくのか」という将来への不安も強くなります。この不安によっても、「悪くなってほしくない」という思いに拍車がかかり、注意・叱責が強くなるでしょう。

　夫の不安を強める偏見、悪すぎる認知症観の改善がまだ不十分であり、まずここへの注力が必要だと感じました。そして、この改善のための説明をくり返し行いました。しかし、その後も「認知症になればわからなくなってしまう」という先入観がなかなか抜けず、残っているようでした。一般論としての説明を聞いても、本当にそうなのか、自分の妻がそれに当てはまるのかという疑問をもっているように感じました。

④ 先入観から抜け出すむずかしさ

　その次の診察時に、夫はＱさん自身の認知症への理解度について、次のように話し始めました。

夫：「うちの（家内）は、どこまで自分のことを理解してるのか、思っ
　　ているのかな、と思うのやけど…、全然何もそんな（認知症）こ
　　と考えとるのかな、と思うのやけど…」

私：「思っていても、それは言いにくくて、言えないだけのことが多
　　いのです」

夫：「はぁ、そうかなぁ」

私：「不安でも、ご家族に心配かけたくないとか、お世話になるので…、
　　などの気持ちで、言えないこともあるのです」

夫：「そうかな、ははは…」

　このように、前回の診察で認知症観や本人の心情などの説明を再
度行った後も、夫はＱさんの心の状況をまだ十分理解していない
ようでした。そして、「認知症のことなど何も考えられていないの
ではないか」と、本人の理解力など能力を低くみてしまっているよ
うでもありました。

　家族は注意することで罪悪感が生じ、注意してもうまくいかない
ことで自己否定感をもつことがあることはすでに述べました。それ
らが強くなり耐えられる限界を越えると、逆に「注意してもそんな
に本人は気にしていないし、問題ない」「言われても本人はわかっ
ていない」などと考えるようになることがあります。「心理的防衛
機制」がこのような形で家族にもはたらく場合があるのです。これ
によって、本人の能力を実際よりさらに低くみてしまうことにもな
ります。もしかすると、Ｑさんの夫にもそれが少しはたらいてい
るのではないかとも一時、考えました。

⑤ 夫の精神的負担への配慮

　一方、元来Qさんは口数が少ないほうで、引っこみ思案な性格ですから、認知症になれば余計に思ったことや感じたことを話したり伝えたりしにくくなるはずです。したがって、夫にもわかりにくい面はあったと思います。そこで、認知症の人やQさんが抱えているであろう心情・心理について、もう一度、詳しく説明しました。もともと自ら話しにくくなる性格や夫との関係があることや、認知症であることでの恥ずかしさや自信低下、家族への負い目やあきらめ、警戒心などから話すことを控える、躊躇することがあることなどを、再度、代弁するように伝えたのです。

　しかし、夫は再度の説明に対しても、まだ半信半疑なのかあるいは納得できていないのか、その後も同じように「本人は、自分は認知症と感じていないのではないか」「全然そんなことを考えていないのではないか」などと、その場でくり返し語っていました。したがって、二、三度説明するだけでは足りないと感じました。そして、夫の様子もうかがい理解できそうな部分を探りながら、あきらめず粘り強く、気長に説明していこうと考えました。Qさんの夫の場合は、心情などの説明をしても、機嫌を損ねたり拒否的な態度を示したりする様子がありませんでした。したがって、多少の押し引きはしながらも、説明を継続できた点はよかったと思います。

　また、夫婦二人暮らしで密な関係でもあったので、夫の精神的負担の軽減を図り、心に余裕をもって理解し、かかわれるように、デイサービス利用についての説明も行いました。これには意外にもすんなりとQさんも参加を希望し、利用開始となりました。

⑥ 時間をかけて粘り強く説明する

　その後、少しずつQさんの想いを理解するようになったのか、

夫は「頭ではわかっているのだけど、どうしても言ってしまう。けれど減らさないかんな」と言うなど、少し変化がみられるようになってきました。

　そして、あるとき Q さんが実姉と電話をしているときに「認知症というのが頭から離れない」と話しているのを、たまたま近くにいた夫が聞いたそうです。それで、「やっぱり、そういうことを思っているのかなと。何も言わないけれど、認知症というのが頭に残っているのだなと感じた」との報告が夫からありました。ようやく半信半疑ではなく、本人にも自覚や苦悩があることに、理解の深さは別として納得した様子でした。その後、夫の Q さんへの注意行動はさらに減ったとのことです。

　このように、家族によっては（特に高齢者の場合は）、なかなか理解が得られず支援が進まないことがあり、苦労することがあります。また、几帳面で真面目な高齢の家族では、思考の柔軟性の面ではやや難点があり、考え方の転換に時間がかかると感じます。それでも、本人の立場に立った説明に嫌悪感や拒否感を示さない家族なら、理解できるようになる可能性は十分あり、あきらめないことが大切です。今回も説明をくり返すことで、夫を「半信半疑」の状態までもっていけていたので、ちょっとしたことで気づくことにつながったのではないかと思います。時間をかけて粘り強く説明を続けていると、今回のように何かのきっかけで、説明内容が実感として理解されることがまれではないと強調したいです。

　その後、夫が自分のことを理解してくれたことやデイサービス利用などで、Q さんの表情がとても明るくなり元気になってきました。また、しなくなっていた編み物やみそ汁づくりなどを、ときどき失敗しながらも自発的にしようとする姿が見られるようになりました。その表情や姿を見て、夫の気持ちもさらに変化し、Q さん

の楽しみや満足が得られることのほうに、関心が向かい始めています
す。

　もの忘れやできないことより、そちらへ視野を広げ注力できれ
ば、夫自身の自己肯定感、介護に対する満足度も高まっていくと期
待できます。

5 　「変えられること」に目を向けていく

① 変えられないことは受け入れる勇気をもてるように

　人間の老い（生老病死）と同じように、認知症が進行することは
通常変えられないことです。アルツハイマー型認知症など進行性の
神経疾患である認知症は、その進行を少し遅延させることはできて
も、完全に止めることはできません。したがって、能力が低下して
いくことにとらわれ続けると、いまの自分が受け入れられなくな
り、能力が低下するごとに苦しみが増えていくことになります。本
当に変えられないことは、ある程度、割り切って受け入れるように
し、こだわりすぎないことが大切です。

　しかし、家族など周囲の人が、もの忘れ、勘違い、失敗やできな
いことなどばかりに注視し、注力していると、本人もそちらが気に
なりこだわりやとらわれから逃れにくくなります。家族には本当に
変えられないことは受け入れていく、その勇気をもってもらいたい
と願っています（ただし、専門職が家族に受け入れを強いることは
よくないので、本人へのかかわりと同様に「待つ」ことは必要です）。

　一方、変えられることは、認知症の人のもっている「悪すぎる認
知症観」、心理的ニーズの充足度や自己肯定感、自尊感情など多く
あります。また、家族など介護者側においても、認知症観、介護負
担感、介護肯定感や達成感、自己肯定感などは、適切な考え方の支

援や工夫によって、変えることはある程度、可能と考えます。そして、本人と家族の生活や人生の満足度も変えることができ、認知症の人の人生の再構築も可能になると思います。もし、これらが改善すれば、BPSD もその多くが予防できると考えられます。このように、視点や力点を移せば、改善の伸びしろの大きい部分が隠れていたことに気づくことができるでしょう。

② 変えられる部分を一緒に考え、変えていく努力をする

これまでは専門職も、変えられない部分である認知機能障害やADL の低下ばかりに注視する人が多かったと思います。そして、変えられない部分に注力しても、本人への支援として十分には役に立てず、本来の社会資源としての費用対効果もよくはなかったでしょう。専門職も家族も、見えやすいけれど変えられない部分に、多くのエネルギーを使ってきました。そこばかり見ていると、早く限界を感じてしまうことになり、支援のモチベーションも上がりにくくなります。

しかし、変えられる部分は、まだまだ改善できるところが多くあります。そして、専門職として、人として、やりがいや達成感、貢献感、満足感などを感じられることが、実はこちらのほうにたくさんあるのです。したがって、これからは専門職も家族も、見えにくい部分ではあっても、「変えられること」のほうにもっと視点、力点を置いてもらいたいと強く感じています。

そして、見かけ上の限界の先にもある「変えられること」を、家族やほかのスタッフなどと一緒に考え、変えていく努力をしていけば、私たちの認知症のとらえ方や視点、視野の広さなども変わり、自己の成長を感じることができるでしょう。

これまでの能力主義的な
人間観、価値観を変える

現代人は「能力主義的な人間観」が強くなっている

　能力主義的な人間観は、私たちが意識せずとも、また強弱は各々にあっても、心のなかにある人間観です。簡単にいえば、「能力が高い人が上、低い人が下」という見方であり、人（および自分）の評価尺度となり、自己価値にも大きく影響します。この人間観が強いと、知的能力が低下する認知症のイメージがより恐ろしいものになるでしょう。

　では、この能力主義的な人間観はどのように私たちのなかに定着したのでしょう。これは時代によって変わってきたのではないかと私は考えています。江戸時代までは身分制度があり、身分で人の上下が決まっていました。頭がどれだけよくても上の身分にはなれなかったでしょう。知的能力よりも、例えば、農民であれば農作業量を高める体力や勤勉さなどのほうが重視され、評価されたのではないかと思います。したがって、知的能力は人間評価尺度の一つではあっても、そのなかで突出したものではなかったと考えます。

　しかし、その後の日本社会においては、身分に関係なく有能な人材を活用し、社会を発展させてきました。その結果、能力、特に知的能力が高い人が、より社会に役立てる人として高く評価されるようになりました。そして、知的能力が高い人が上、低い人が下という見方の人間観が強まり、無意識に当然のことのように私たちのなかに存在しているのでしょう。

能力主義的な人間観、価値観の問題点

　誤解のないように説明しますが、能力の高い人がその実績に見合った評価を得ることを否定している訳ではありません。問題はそこではなく、人としての全体的価値に、能力に偏った見方で大きな差をつけてしまっていないかということです。もしそうなら、人間に関する視野や評価尺度の幅が狭くなってしまいます。

　また、長寿社会においては、今後も多くの人が順々に超高齢者となります。そして、65歳で「高齢者」となった後は、軽度認知障害か認知症になる人のほうが、一生どちらにもならない人より多くなってきています。そのどちらかになった場合、いまのままでは、能力主義的な人間観で自分を観て、そのものさしで自分を測ることになるため、自己評価を下げて大きな不安を生み、とてもつらい状況になるでしょう。多数の人が次々と、能力へのこだわりやとらわれによって、自信や自己価値を低下、喪失させ、「恥ずかしい」「情けない」などと思い続けながら、下を向いて生きていくことになります。自分で自分の首を絞めることになってしまうのです。今後、この現実に早く目を向け、直視できるか否かで、多くの日本人の幸・不幸が違ってくるでしょう。

　以上のように、現代では能力主義的な人間観、価値観が、自分も含め人の評価のうえで大きなウエイトを占め、それが認知症への偏見を生む土壌にもなり、将来の自分を苦しめるものともなり得ます。しかし、その人間観や価値観が時代によって変わってきたものであれば、現実の問題を直視したうえで、これからの時代に合わせ再び変えていく必要があるでしょう。そして、それは可能なことではないでしょうか。人生100年時代へと向かうなか、私たちが超高齢者になっても勝ち組・負け組に分かれることなく、皆が幸せに生きていく考え方、とらえ方を選択していくべきだと考えます。

認知症と能力主義的な人間観

　認知症に関してみれば、現在の高齢者の知的能力低下への怖れや過敏さは、有吉佐和子著『恍惚の人』（新潮社、1972年）の影響があるかもしれません。この書が出て以降、世の中の認知症に対する恐怖心が強まったといわれているからです。その後のメディアや書籍などにも影響を与え、認知症介護の過酷さを伝える一方、認知症観の過剰な悪化が生じ、高齢期の認知能力低下への怖れを強めてきたのではないでしょうか。高齢者観においても、その怖れが能力主義的な色彩を強めたと考えられます。

　しかし、能力が右肩下がりに低下するのがあたりまえの高齢者に対しても、この能力主義的なとらえ方、人間観を当てはめて見てしまうことを、おかしいと感じるのは私だけでしょうか。これは高齢者に対し不敬なことだと思いますが、問題はそれだけではありません。これから認知症になり得る多くの人々の大きな不幸につながるということに、そろそろ気づくべきときだと思います。

　一方、この状況のなかでも、認知能力が低下しても楽しく自分らしく生きている人はいます。はじめは能力低下にこだわり、とらわれ、それを気にし過ぎて苦しんでいても、そこから抜け出して変化し、前を向いて生きていく人がいるのです。適切なかかわりなどによって、徐々にそのような人が増えてきています。

　このように、楽しく生きがいをもって生きる認知症の人が増えていくことが、高齢期の人間のとらえ方や人生の価値観を時代の変化に応じたものへ変えていくと期待しています。堂々と自分らしく生きる認知症の人こそが、悪すぎる認知症観や能力主義的な人間観や価値観を変えていくだろうと考えています。そうなれば、他者と自分をあまり比較せず「認知症になっても自分は自分」と思える世の中になっていくでしょう。

人間観、価値観の多様性が人や人生の「ものさし」を増やす

　人間について少し考えてみれば、認知機能などの能力以外にも、大切な人間の尺度（ものさし）は数多くあると気づくでしょう。つまり、心の内面の豊かさや人としての存在自体に価値を感じることもできるはずです。やさしさ、愛情の深さ、まじめさ、明るさ、あるいは家族にとっての自分の存在など（p186参照）、人にはそれぞれ自分を認められる価値尺度がたくさんあるはずです。この自分の特性や価値に気づき、これを実感できるということが大切です。そして、知的能力低下により自己評価が低下したつらい状況のなかでも、別の自己価値を見出す力を認知症の人は本来もっていると思います。したがって、自分のよい部分、特性をその人自身が感じられるような状況を周囲がつくっていく努力が重要なのです。このように、狭くなった人間観や価値観の視野を広げるアプローチを行えば、個々において多様な人間観、価値観で自分の存在価値を感じられるようになるでしょう。

　そして、個人そして社会文化において、高齢期の人間観や価値観の多様性が生まれ定着すれば、人間や人生のものさしを増やすことになり、偏見や固定概念にとらわれない自由で多様な生き方がしやすくなります。そうなれば、認知機能など一つの尺度評価では「だめ」になっても大きく動じることなく、ほかのものさしで測れる自分の価値を生かし、自分らしく生きていくことができると思います。認知症の人が増え続ける超高齢社会においては、この多様性の重要性を皆で理解し、共有することが大切でしょう。

2 周囲の専門職への はたらきかけ

　新オレンジプラン（認知症施策推進総合戦略）や認知症施策推進大綱などで示されるように、近年、国が進める認知症施策のなかでも、認知症の人の視点が重視されるようになっています。では、認知症のケアや支援の現状はどうでしょう。まだあまり変わっていないのなら、どうすればよいのでしょうか。

　それにはまず、変わることができた人が、気づきや理解したことをまわりに伝えていくことが重要ではないかと思います。私も少しずつですがそうしてきました。私が認知症の人の心情・心理を伝えることができるようになった流れや、わかりやすい説明のために注力した点などを交えて説明したいと思います。

1　認知症の人の視点に立ち、実践する

① 率先して実践し、周囲に示していくために

　認知症の人の BPSD や ADL 障害など、「周囲が困ること」については、その把握や周囲の視点からの対応が比較的しやすく、よく行われていると思います。一方、「認知症の人の困りごと」を本人の主観的 QOL の視点で評価することは、やはりまだほとんどできていないのではないでしょうか。これまで述べてきたように、こちらの評価や対応は困難だとあきらめられていることが多く、その可能性や価値をあまり高く感じられていないようです。そして、本人の困りごとが放置されています。国の施策が変わったいまもなお、多くの認知症の人は置き去りにされているのではないでしょうか。

　しかし、本来どのようなサービスであれ、サービスを受ける側の視点に立ってそのあり方を考え、受け手が満足するように工夫や改善をしていくのがあたりまえです。認知症の介護・医療サービスにおいて、そのあたりまえのことができていないのであれば、その存在価値を問われることになるでしょう。本人よりもまわりの人の困りごとへの対応が優先されている状況や、あきらめられている風潮に風穴を開けていく必要があると思います。

　その風潮に風穴を開け、周囲の専門職に関心や理解をうながすためには、まず、ある程度理解した人から率先して実践し、周囲に示していく必要があると思っています。とはいっても、私の場合も、わかろうとする気持ちをもつことができても、いきなり認知症の人の視点に立って、ここで述べたようなことを実践できるようになったわけではありません。認知症の人の不安や葛藤、混乱など、さまざまな心理症状の背景を理解するのにも、ある程度、説明できるようになるのにも、時間と努力がだいぶ必要でした。そして、これらを理解し説明するために、さまざまなことを想像し考えていきました。

　例えば、「認知症になるとどうして失敗を認められなくなっていくのか」「怒りっぽくなっていくのか」などの理由やそうなっていく過程を考え、身につけた知識も用いながら自分なりに探っていきました。

② 認知症の人の視点に立つための「始点」

　認知症の人は、認知症が始まるその少し手前ごろから、忘れるはずのなかったことを忘れ、簡単にできていたことにミスが増え容易にはできなくなる体験をするようになるでしょう。どこかおかしいと感じながらも、何とかこれまで通り問題が生じないようにしよう

とします。

　しかし、以前と違って全力でやらないとできなくなり、同じこと
をしていてもとても疲れやすくなると思います。そのような自分へ
の歯がゆさ、いら立ちなどを感じるようにもなるでしょう。しかし、
その後は全力を尽くしてもできない、覚えられない、ミスをすると
いう状況になり、認知症の症状が生じてきます。すると、隠せなく
なり周囲にも気づかれるようにもなります。そして、よかれと思っ
てまわりからの指摘や助言があるでしょう。この周囲の言動を、そ
のような状態の本人がどう感じるかが重要なポイントと考えまし
た。「周囲の人や以前の本人とは全く異なった心の状態なのではな
いだろうか」そう考え、専門職として理解していかなければならな
いと思いました。

　「認知症の人は、簡単にできていたことができなくなると人知れ
ず内心では動揺していますが、周囲からの指摘等によってもっと動
揺し混乱するのではないか」「指摘などによって、できなくなった
ことやわからなくなったことを責められ、"だめな人間になったと
自分を否定されている"と感じるようになるのではないか」そして、
「このつらい体験をくり返していくなかで、不安が非常に強まり、
自分の状況を受け入れられる限界を越えてしまうようになるのでは
ないか」などと考えるようになりました。実際に、いわゆる心理的
防衛機制が、認知症の人の多くに生じてきます。このように、認知
症の人は、周囲から見れば同じようなもの忘れや失敗でも、それが
認めがたくなるという、以前とは全く違う体験をしていると思うよ
うになりました。

　一方で、「認知症でない人でも、似たような体験をしているので
はないか」と思うようにもなり、それについて考えてみました。例
えば、勤めている職場で、自分だけ仕事がうまくできず、上司から

叱られることが続いたらどうなるでしょう。それで自信や心の余裕を失っているときには、ささいな失敗を指摘されただけで、失敗した行為そのものではなく、自分全体（自分自身）を否定されたように感じてしまわないでしょうか。「バカにされた」などの被害感情が生じる可能性もあるでしょう。その結果、以前なら素直に謝ることができていたのに、それができず言い訳をしたり怒ったりするなど、（Jさんなどの事例で述べたように）認知症であってもなくても、自分の誤りを認められなくなっていくのだと思います。

そして、「これは人間ならだれにでも生じ得る自然な感情や思いではないか」「自分も同じ状況になれば同じようなことを感じたり言ったりしたりするのではないか」と思うようになり、はじめて自分なりに共感できたように感じたのです。そう感じた体験が、認知症の人の視点に立ちたい、本当に立てるのではないかと、私が思うようになる始点になったと思います。

③ 専門職としてできることへの気づき

ある程度、自分なりに理解や共感が可能だと感じると、認知症の人の苦悩を何とか和らげたいという思いが強くなります。何かできることはないかといろいろと考えていくようになりました。そう考えていくなかで、変えられないこともあるけれど、私たちにも変えられることやできることがあること、そのなかで重要なものが意外に多くあることに気づいたのです（p166 参照）。

私たち専門職が本当に役に立てるようになるためには、変えられる部分でもある「人としての心の欲求の充足」などのほうに目を向けることが非常に有効で、かつ必要不可欠であると思います。すなわち、それは本人の心理的ニーズ、本人の「苦悩」と「可能性」など、本人にとって本当に大切なことに注視することです。周囲の専

門職の関心をいかにここに集め、力を注ごうという気持ちになってもらうかが重要なのだと考えるようになりました。

そして、そのためには「人としての心の欲求の充足」などについて、そこに注力することの重要性やそれによってよい変化を生む可能性をきちんと説明できなければならないと思うようになります。その後、これまで紹介したようなさまざまな事例と認知症ケアの視点などを用いながら、具体的に体験や実践をしたこと、そこで考え感じ、気づいたことなどについて、事例検討会や講演会などで説明していくようになりました。その実践を提示することによって、認知症ケア・医療の可能性、そして専門職自身の可能性ややりがいにつながることを感じてもらえるように努めてきました。

④ 周囲にはたらきかけるために努力すべきこと

以上がいままでの私の体験ですが、ケアや支援における大切なことを理解できた専門職が実践を示すことによって、周囲にその大切さを伝えていくことが非常に重要だと感じます。

認知症の人の視点に立つ実践を周囲の専門職へはたらきかけるためには、まず自ら「変えられること」である「認知症観」「心理的ニーズの充足度」「自己肯定感」などについて理解することが必要です。そして、これらの「変えられること」への理解とアプローチの重要性を説明し、実際に変えていく実践を示すことが求められるでしょう。周囲に専門職の可能性を感じてもらうためです。

そして、それらの理解や実践のためには、認知症や認知症ケアについての基本的知識以外にも、認知症の人の心情・心理、人間観や価値観、悪すぎる認知症観、認知症の年齢層別有病率などについての知識や理解が必要になります。そのうえで、各事例で示したように、想像力、洞察力、共感力などを活かし、個々の認知症の人の心

情・心理をそれぞれに理解しつつ、変えられる部分は変えていく実践を行っていきます。それを提示し説明できれば、認知症の人に何が必要か、何が大切なのかが周囲に伝わっていくのではないかと思います。そして、周囲へはたらきかけるためにも、以下を実行できるよう自ら努力し続けます。

①もっとも重要な信頼関係をつくることに努めながら、本人の状況をじっくり聴き、把握していく。
②本人の心情・心理をできる限り理解し、悪すぎる認知症のイメージを改善するための説明などにより、不安などのネガティブな感情の軽減を図る。
③ピアサポートも含め、本人に想いを語れるところは語ってもらえるよう支援し、工夫する。
④本人の心情、心理的体験について確かめながら、代弁できるところは行い、周囲の理解を図る。
⑤悪い部分ばかりみてしまうなど、狭くなった本人の視野を広げ、自己像や自己将来像を修復できるように支援しつつ、できるだけ本人が自分自身の状況を受容できるように図る（強制せずに「待つ」ことに留意する）。
⑥本人の楽しみ、生きがいなどを知り、人生の再構築のための支援を行う。

　実際にこれらの実践がある程度できるようになれば、専門職としての自信や自負が生まれてくるように思います。働きがいや誇り、達成感などを感じられ、認知症のケアや支援により前向きで能動的な気持ちになれるのではないでしょうか。

2 家族への猜疑心を強く感じていた R さんの事例

　認知症ケア・支援の実践のなかでは、当然ながらさまざまな状態の認知症の人に対して、よりよい状況になるようにアプローチしていかなければなりません。そのために、個々の状態がなぜ生じてくるのかを、認知症の人とのかかわりのなかで考え、理解を深めていきます。そして、そこから得たものを周囲とできるだけ詳しく、わかりやすく伝え合って、理解を共有していくことが大切になります。

　さまざまな状態のなかでも、例えば、もの盗られ妄想や嫉妬妄想などと呼ばれ、専門職でも発生の理由や過程が理解しにくいものがあります。しかし、これらの状態に対しても、対応やかかわりのなかでその発生過程や背景を考え、理解すれば、説明できるようになると思います。そのためには、本人の視点、そして同じ「人」としての視点から、一度、深く考えてみることが大切です。R さんの事例で考えてみましょう。

① 薬物治療の前にできることは何か

■ R さん（70 歳代、女性、アルツハイマー型認知症）

主訴：もの忘れ
生活歴：在住県内で四人兄弟の末子として生まれ育った。高校卒業後、役所に勤務し定年退職するまで、公務員として勤めた。この間に 4 人の子をもうける。現在は夫との二人暮らし。趣味は生け花、旅行など。
性格：几帳面、頑固、人に対する好き嫌いが強い。
現病歴：X－1 年ごろより、同じ話を何度もくり返すようになった。

また、怒りっぽくもなってきた。同年秋には、旅行の宿泊先で部屋番号を忘れ、迷って部屋に戻れなくなった。その後、外出の準備にも手間取るようになり、さらに「言われたことが頭に入らない」と本人も感じて当科へ受診。精査を行いアルツハイマー型認知症と診断。以後、当科へ通院となったが、しばらくして「夫が浮気をしている」という嫉妬妄想がみられるようになる。そして、夫に激怒して興奮し、服薬を拒否することもみられるようになった。

　認知症の人は周囲のさまざまなことが不確かに感じられ、不安になる状況にあります。そのため、本来は不要な猜疑心を家族など周囲に抱いてしまうことがあります。それが強くなる状況が生じると、被害的な想いが生まれてくるのではないかと思います。これがBPSDへと結びつくことになるでしょう。

　そして、BPSDが生じると、家族は困ってどうにかしてほしいなどと専門職に訴えてくるようになります。それに対し、安易に精神科などの受診を勧めて、精神安定剤などを用いて行動を抑えるという問題対処型の対応になってしまわないようにお願いしたいと思います。薬物治療の前に、何かできることはないかと考えてみるのが、専門職としての本来の役割でしょう。このとき、専門職としてすべきことは、まずBPSDの背景を探ることだと思います。嫉妬妄想、もの盗られ妄想など被害妄想的な訴えの背景には、通常、認知症の人特有の猜疑心があります。そして、その猜疑心を含め、訴えがどういう過程で生じてくるのかをまず知ることが大切です。

② 被害妄想的な訴えの背景を探る

　Rさんも診断後、数か月経過したころより、嫉妬妄想による被害

的な訴えや夫への攻撃性が出現しました。夫に対して怒り、夫の衣服を切り裂く行動もみられるようになっているとのことでした。

初診時からRさんに対しても、まず本人との信頼関係の構築に努めていました。そして、その効果もあり、Rさんは外来診察時には、「私がおらんほうがいいみたいで…」「私がいろいろ言っても、"ありもせんことを言う"と言われて…」「ずっと放って置かれて…」などと、夫に対する不満を率直に語ってくれました。Rさんの話の内容や口調からは、「夫から相手にされていない」「見捨てられている」というような疎外感、孤独感を強く感じているようでした。家族に対してこのような感情をもつ認知症の人は少なくありません。Rさんの場合は、その感情が強まっているようで、これが「見捨てられ不安」や猜疑心につながっているようでした。

③ 夫への助言とRさんの変化

一方、Rさんと夫とのもともとの関係は悪くはなく、また、受診が早かったため、夫の負担感もまださほど強くなってはいませんでした。そのため、夫には少し心の余裕はある状態でした。したがって、夫には、Rさんが夫から大切にされている、見放されていないと実感できるような状況をつくることの必要性を十分に説明しました。そして、本人の楽しみや満足感を増やすことの意義や重要性も伝え、そのために一緒に楽しむ機会を増やすように助言しました。

この助言の後、夫はRさんと話をするよう心がけ、よく会話をするようになりました。また、診察時に夫は、「先生に読むよう勧められた本を読んで、放って置かれることが不安という気持ちを理解しました」とも語りました。すると、その言葉に対しRさんは、「心は見えないけど、心配りは見えるもの」と夫に返していました。そして、夫への被害的な発言や易怒性が減少し、嫉妬妄想の訴えは

なくなっていきました。

　その後の診察でも、Rさんは「冷たかったお父さん（夫）もよくしてくれるようになって…。お父さんが変わりました」「認知症ってはじめ大変と思っていたけど、そうでもないなと思って」などと語り、自分が認知症であることを友人にも話したとのことでした。そして、少し認知症が進んだいまでも、「認知症になっても自分は自分」と考えることができています。Rさんの事例では、嫉妬妄想の背景にある本人の心情・心理を理解したうえでの早期対応によって、家族の関係が完全に壊れる前に状況の改善を図ることができました。

③ 実践で得たものを詳しく伝え合う

　Rさんをはじめこのような被害的な妄想・念慮の背景には、どのような心情・心理があるのでしょう。その背景には、本人の自己否定感や疎外感があるだろうと考えます。実際に、本人が「大切にされている」と感じる状況をつくり、疎外感を改善するアプローチによって、Rさんの嫉妬妄想は消えていきました。そして、ある程度いまの自分を受け入れられるくらいに、自己否定感も軽減しています。

① 嫉妬妄想の発生の過程
　能力低下が生じ始めると、まず本人自身が自分に対するもどかしさ、情けなさ、いら立ちなどを感じるようになるでしょう。それに伴って、自分がだめになっていくような感じの自己否定感を生じるようになってきます。そして、だめになっていく自分を感じると、まわりからもそう見られているように感じるようになります。自分

のもつ自己イメージを、周囲からの目にも当てはめてしまうのです。それによって、「周囲の人は、私がだめになったように思っているのではないか」という猜疑心や不安感をもつようになってしまいます。このように、自己否定感が「自分から見た自分」だけでなく「まわりから見られている自分」にも生じ、疑う心を生むことになるのでしょう。

　自分のことを、まわりには役に立たない人間に感じるという自己像の悪化、自己否定感も生じ、同様に周囲からもそう思われていると感じるようになります。役に立たないからまわりが自分を軽んじるようになる、相手にしなくなる、バカにするようになるなどと感じてしまう状況が生じ得ると考えられます。

　Ｒさんも、認知症の診断を受けて自己像がさらに悪くなり自己否定感が強まると、夫など周囲の人から「だめになった」とみられている感じが強まったと想像されます。また、自分が夫に負担や迷惑をかけているように感じると、夫からも「負担や迷惑」と思われているのではないかと、どうしても感じてしまうでしょう。すると、自分は負担や迷惑になるから、夫からは「お荷物」のようにみられている、なので必要とされなくなるのではなどと勝手に考えていきやすくなります。そして、「"要らない人間"扱いされている」「相手にされなくなるのではないか」などと勘ぐるようにもなったのではないでしょうか。「私がおらんほうがいいみたいで」という発言はそのような背景から生じたと考えました。すなわち、自分だけ能力低下が進み、家族にとって自分は役に立たない不要な人間、夫にとっては魅力のない人間になってしまったと、おそらく感じたのでしょう。

　こういった心境の本人からすれば、自分以外の人たちで楽しくしているのを見ると、まわりはそんなつもりでなくとも、「仲間はず

れにされ自分だけ放って置かれている」と疎外感、孤立感を感じて
しまいます。また、自分のことを迷惑な「お荷物」とも感じていま
すので、「見捨てられる」「逃げられる」などのいわゆる「見捨てら
れ不安」が生じやすくなります。そのような状態なら、夫がふつう
に楽しく女性と話しているのを見ただけでも、「自分を捨ててそっ
ちに行って、仲よくなり浮気する」という嫉妬妄想が生じる可能性
が考えられます。実際に地域のサロンでそういう状況があったので
しょう。以上のように、Rさんの心の動きを想像し推察しました。

② 嫉妬妄想の改善の過程

しかし、夫への説明や助言の後は、夫は本人の心境を理解しよう
として、疎外感、孤立感や「見捨てられ不安」を軽減するアプロー
チに努めることになります。そのアプローチ、夫の姿勢によって、
嫉妬妄想や自己否定感が改善していったと考えられます。Rさんの
場合も、「いままでと同じように自分に接してほしい」「仲よくして
ほしい」「必要とされたい」そして「愛されたい」などの想い、「人
としての心の欲求」があったと考えられます。それが嫉妬妄想の発
症のころには、夫との関係のなかでほとんど満たされていなかった
のでしょう。嫉妬妄想の訴えは、この満たされていない心の欲求を
どうにかしてほしいという本人のメッセージとしてとらえるべきで
す。これは、ほかのBPSDも同様でしょう。

そして、このように本人の状態の背景を考え、説明も行いつつ、
その本人の視点に立って心理的ニーズを満たしていけば、大きく状
態が変わっていきます。その可能性が認知症の人にはあるというこ
とです。この本人からのメッセージを理解し、対応がむずかしいと
あきらめるのではなく、BPSDの発生過程や背景をさらに学んで共
有していただきたいと思います。

③ もの盗られ妄想の背景

　嫉妬妄想より頻度の多い、もの盗られ妄想の場合も、自己否定感や疎外感がその根底にあると思います。「自分がだめになった」という悪化した自己像、傷ついた自尊感情をもつ認知症の人にとっては、これ以上傷つくことに耐えることがむずかしくなります。そして、認知機能障害による不確かさも手伝い、自分が置いたのを忘れた、なくしたなどと素直に考えづらくなります。

　このようにもの忘れや失敗が続いて自己否定感が強くなると、自分の存在価値が失われていく不安が大きくなり、だめな自分を受け入れる限界を超えてしまいます。すると、「否認」という心理的防衛機制がはたらき、自分がなくしたことも受け入れられなくなり、「物がないのは自分以外のだれかがもっていったから」と考えてしまいがちになるでしょう。

　また、認知症の人は身近にいる介護者から、しばしば指摘などを受けていますが、叱責する介護者ばかりではありません。実際にはやさしく助言しているだけの介護者もいます。しかし、そのようなやさしく接する介護者に対しても、「怒られている、叱られる」「嫌われている」などと被害的に訴える人がときどきみられます。それで周囲が不思議に思う場合があるのですが、これはなぜでしょうか。

　「自分がミスしているのではないか」などとどこかで感じていても、これを認めたくない感情があるため、指摘する介護者に対しては嫌悪感や怒りの感情をどうしても抱きやすくなります。ところが、自分のミスの指摘に嫌悪感や怒りを感じることは、ふつうは人として好ましくないことです。その感情を自分が抱く（と認める）ことは自分自身を人として否定することになってしまいます。そこで、その好ましくない感情を逆に相手の介護者が自分に抱いているという、別の形の心理的防衛機制（「投影」といいます）が生じる

ことがあります。

　好ましくない感情を相手がもっているとすることで、自分の心の負担を緩和しようとするはたらきです。すると、助言程度でも、その介護者が自分のことを嫌っている、怒っているなどと感じてしまい、そこから「嫌がらせをされる」などの被害的な想いが生じやすくなります。「叱られる」「自分の物を勝手にもっていかれる」などの被害的訴えが、やさしくて叱責などしない介護者に対してもあるのは、この心理的なはたらきが影響しているのではないかと考えられます。これも、もの盗られ妄想の一因になり得るでしょう。

④ 能力主義的な価値観への偏り

　嫉妬妄想、もの盗られ妄想はともに、自己否定感、疎外感などが強まって存在不安が大きくなる背景から生じてくるように思います。この認知症の人の自己否定感については、知的能力の低下により自分の一部ではなく全体がだめだと感じてしまっていることが多いと思います。これは「だめな自分」のほうばかりをみてしまうという視野の狭まりを伴っているからでもあるでしょう。

　特に能力主義的な価値観、人間観や比較価値が強い傾向の人は、価値を感じる範囲が能力やその比較に偏り狭くなるため、自分の存在価値に対する視野の狭まりが強まります。すると、知的能力の低下により自分の価値評価が0点になってしまったように感じ、周囲からもそう評価されていると思ってしまいます。その結果、周囲からぞんざいに扱われるなどの怖れや猜疑心が生じやすくなるでしょう。勝ち気で負けず嫌いな（他人と能力を比べる）人に、もの盗られ妄想など被害妄想が多いといわれるのは、これが一因となっているでしょう。

⑤ 知的能力以外の評価尺度をもつ

　このように、自分の存在価値の視野が知的能力ばかりに偏っていると、自分の失敗を認めることで自分の存在価値が認められなくなるように感じてしまうため、失敗するいまの自分を受け入れられなくなるのです。しかし、知的能力以外のところにも自分の価値を感じることにより、いまの自分に OK を出せれば、能力低下によるダメージの大きさは減り、それを受け入れやすくなります。

　そこで、R さんの事例で行ったように、周囲がいまの本人の「存在」に対し OK のメッセージを送る仕掛けが大切となります。それによって、「まわりから見られている自分」が OK となり、それによって能力低下があってもいまの自分に OK を出しやすくなるからです。著しく低下していた自己肯定感が復活に向かうことになります。

　そして Part 1 でも述べたように、知的能力以外にも、やさしさ、愛情の深さ、真面目さ、責任感の強さ、大らかさ、明るさ、面白さ、力強さ、子育てや仕事で苦労し家族や社会のためにがんばってきた実績、あるいは自分の存在そのもの等々、人には自分を認める評価尺度、価値尺度が本当はたくさんあるはずです。ですから、自分の存在価値を感じるために、自分や自分を含めた人間の価値の範囲を広げ、その狭くなった視野を広げるアプローチが求められます。

　R さんの事例で説明したこと以外にも、例えば、母娘の場合は「お母さんの娘でよかった。私を生んでくれてありがとう」、夫婦の場合は「あなたと一緒になれてよかった。ありがとう」など、「自分は家族にとって大切な存在である」と実感できる言葉かけもその1つです。これによって疎外感や存在不安も減少するでしょう。

　また、能力のうち、低下している部分ではないほうを感じられるように、何かの役割などによって感謝や期待をされる体験、すなわ

ち「自分が必要とされている」「役に立っている」と実感すること
も重要です。これで自己否定感を減じ自己肯定感を高めることがで
きるでしょう。

　以上のように、認知症の人の被害妄想的訴えの多くは、実際には
発生過程の理解がある程度可能な場合が多いです。専門職であれ
ば、その発生過程や背景を理解し、周囲の専門職に対してできるだ
け詳しくわかりやすく説明できるようになっていきましょう。そし
て、薬に頼る以前に、そこで得たものをぜひ支援に活かしていただ
きたいと思います。

4 三人称の関係から二人称の関係へ

① 同じ「人」としての立場に立つ

　認知症の人を理解しその理解を共有するために、「センター方式」
や「ひもときシート」など、優れた認知症のアセスメント・ツール
があります。しかし、その人の情報を収集し外面的な感情などの状
態把握はできても、その心理的な背景やニーズの部分への、洞察力、
想像力、共感力などを活かした理解が、残念ながらまだ浅い専門職
が多いように感じます。ツールを用いても、認知症の人の「人とし
ての心の欲求」を感じることがあまりできていないような印象があ
ります。これでは、認知症の人を本当に理解できたとはいえず、と
てももったいなく感じます。

　想像力を活かすためにも、本人の視点に立つためにも、同じ人間
としての立場に立つことが必要です。こう言うのは簡単ですが、本
人の「人としての心の欲求」、すなわち心理的ニーズを、単なる知
識ではなく実感を伴ったものとして理解するために、私にもいくつ
かのハードルがありました。

それは、認知症への負のレッテルをはがすためにまず自分のなか
にそれがあることに気づくこと、本人が認知症になっていくときに
心のなかがどのように変化して、どのような体験をしていくのかを
知ること、本人の言動・行動の背景にあるものを知ること、そして
その背景のうち、心情・心理、価値観、人間観などに自分と共通す
るものがあることに気づくこと（本人と同じ状態で同じ状況になれ
ば、同じ気持ちになり同じことをするのではないかと感じる）など
です。そうやって、私は認知症の人と三人称だけの関係から二人称
の関係にもなれるように、少しずつ前へ進んできました。

② 認知症の人の心理的ニーズは特別なものではない

　私が認知症の人との長い実践のなかで得た最大の気づきは、結局
のところ認知症の人もそうでない人も、人間としての部分はあまり
変わらないということでした。もちろん、認知機能障害というハン
ディキャップがあればたいへん不便であり、またさまざまな苦悩の
ある状態ではありますが、人としての心の欲求など基本的な部分は
同じであると思うようになりました。これはよくよく考えるとあた
りまえのことです。しかし、そのあたりまえのことがわからないか、
忘れてしまうと、認知症の人の言動・行動の背景、心情・心理は十
分に理解できないと感じます。「自分も同じ状況になれば同じよう
なことをするのではないか」などと思えるようになることが深い理
解や適切な支援への入り口になると、私自身は思っています。
　マズローのいう「人間の欲求5段階説」のうち、生理的欲求以
外の部分と、「パーソン・センタード・ケア」でいう認知症の人の
心理的ニーズは、言葉は違いますが内容は共通しているところが多
いと思います。つまり、認知症の人の心理的ニーズは特別なもので
はなく、人としてふつうの心の欲求であると思います。ただし、そ

れがふだん、ほとんど満たされておらず、またその状況の理解すら
されていないので、その欲求がとても強くなっているという点で
は、認知症でない人と大きく異なります。その結果、認知症でない
人にとっては何でもないようなことで、不機嫌になったり逆にとて
も喜んだりすることが、認知症の人には見られることがあります。

③ 自分の体験をふり返り共通点を探る

　もの忘れ外来では、認知症が進むにつれて「家族が見えなくなる
とすぐ探し回るようになった」と言う家族がまれではありません。
これは、いわゆる「見捨てられ不安」が大きくなっていることもあ
るでしょう。しかし、「見捨てられる不安があるからです」と説明
しただけでは、家族はピンと来ないことが多いと思います。

　笑い話になるかもしれませんが、実は私には小さいころに、親が
帰るはずの夕刻の時間になっても帰って来ず半時間以上経ったとき
には、「もう帰って来ないのではないか」「どこかに引き取られてし
まう」などと思ってしまい、そのときは絶望的で非常につらく不安
になった思い出があります。

　家族がいなくなるとすぐ探す認知症の人に、その体験を話し「こ
れと似た感じですか」とたずねると、肯定的な答えが返ってくるこ
とが多いのです。したがって、私の体験と同じような強い不安の感
情を、「家族が見えなくなると探し回る」という行動のある認知症
の人の多くはもっているのではないかと思います。このことから、
家族や専門職には、私の体験を話したうえで、「家族が見えなくな
ると戻って来るかどうかがとても不確かなのです。そして、戻って
来なければ自分だけで生活できないことはわかりますから、不安が
とても強くなって必要のない心配や悲観的な想像を抱えてしまうの
です」「これは本人と同じ状況になれば、多くの人が同じ気持ちに

なるでしょう。ですから、人としてふつうの心情、行動だと思います。その状況を想像して、その感情を感じていきましょう」などと説明し、本人の視点・立場に立ったその人の心情・心理の理解をうながすようにしています。この説明を家族の横で聴いている本人の表情はよくなることが多いです。この説明も信頼関係を高めることにつながると感じます。

　職場で失敗が続いた際の体験の話（p174 参照）などもそうですが、認知症ではない私たちでも、これまでさまざまなつらい体験をしたことがあると思います。自分のつらい体験の感情や背景と認知症の人の体験の感情や背景との間に、何か共通する部分がある場合もあるのではないでしょうか。同じ人間ですから、それを一度じっくり考えてみるのもよいかもしれません。すると、認知症の人の心に接近し、本当に共感できる機会が生まれてくるのではないかと思います。

④ 想像力、洞察力、共感力を活かす

　認知症の人の体験はその背景を深く探っていくと、ある程度、専門職にも想像でき、説明できるものが多く、認知症でない人の体験と似た部分があることにも気づきます。また、嫉妬妄想がみられたRさんの事例でも述べましたが、幻覚など生物学的側面の強い症状を除くと、BPSD の発生過程も理解可能なことが多いのです。何でも認知症のせいにしてしまうと重要な気づきが得られなくなり、専門職の能力を活かせず、とてももったいないことになってしまいます。

　ぜひ、知識だけでなく想像力、洞察力、共感力を活かし、認知症の人の体験がどのようなものなのかを、一人ひとり探っていってください。また、自分自身にも向き合い、ふり返りつつ、人として共

通するところについても考えてもらいたいです。そのなかで、実際に感じたり気づいたりしたことを集積していくことが重要です。実践から得られた大切なことを、専門職同士でできるだけわかりやすく伝え合い、共有してもらいたいと思います。

　認知症の人に対しては、豊かな感性、想像力などの潜在的能力を眠らせている専門職も多いのではないかと思います。しかし、認知症の人を大切に思っている専門職であれば、それを宝の持ち腐れにせず、いままでできていなかったことができるように、変わっていくことができると信じています。将来の成長した自分が、これからの変化と成長をきっと待ってくれているでしょう。

引用文献

1） 斎藤正彦「認知症診療における精神科の役割」『精神神経学雑誌』116（5）、p388–393、2014 年
2） 加藤伸司・矢吹知之『改訂・施設スタッフと家族のための認知症の理解と家族支援方法』p34–35、ワールドプランニング、2012 年
3） 高橋幸男『認知症は怖くない』p28–33、NHK 出版、2014 年

参考文献

・矢吹知之・丹野智文・石原哲郎編『認知症とともにあたりまえに生きていく―支援する、されるという立場を超えた 9 人の実践』中央法規出版、2021 年
・佐藤雅彦『認知症になった私が伝えたいこと』大月書店、2014 年
・藤田和子『認知症になってもだいじょうぶ！―そんな社会を創っていこうよ』メディア・ケアプラス、2017 年
・丹野智文、奥野修司文・構成『丹野智文　笑顔で生きる　―認知症とともに』文藝春秋、2017 年
・山崎英樹『認知症ケアの知好楽　―神経心理学からスピリチュアルケアまで』雲母書房、2011 年
・上田諭『治さなくてよい認知症』日本評論社、2014 年
・石原哲郎『なぜ、認知症のある人とうまくかかわれないのか？　―本人の声から学ぶ実践メソッド』中央法規出版、2020 年
・繁田雅弘『認知症の精神療法　―アルツハイマー型認知症の人との対話』HOUSE 出版、2020 年
・木之下徹『認知症の人が「さっきも言ったでしょ」と言われて怒る理由　―5000 人を診てわかったほんとうの話』講談社、2020 年
・水野裕『私が学んできた認知症ケアは間違っていました…　―パーソン・センタード・ケアの本質を知る』ワールドプランニング、2021 年
・大堀具視編著『利用者の思いに気づく、力を活かす「動き出しは本人から」の介護実践』中央法規出版、2019 年
・T. キッドウッド、高橋誠一訳『認知症のパーソンセンタードケア　―新しいケアの文化へ』筒井書房、2005 年
・一般社団法人日本認知症本人ワーキンググループ　―JDWG ホームページ http://www.jdwg.org/

まず「話をしたい人」として認められる専門職になろう

　認知症の人の声を聴くためには、本人が話をしたい、してもよいと思える相手にならなければいけません。そのための信頼関係の構築がとても重要です。信頼関係が構築できないと、本人の内面、心情・心理を理解することは通常、困難になります。すなわち、本人のつらい心の状況も、行動・心理症状（BPSD）の背景にあるものも、人生の再構築を支援するための本人の希望や願いも、すべてつかみがたくなり、サポートがむずかしくなるのです。

　したがって、まず、自信が低下するために周囲からの目や態度に敏感になること、猜疑心や疎外感などを感じやすくなってしまうことなど、認知症の人特有の心情・心理について知ってもらいたいと思います。そして、これに気をつけるだけではなく、「あなたを大切にしています」というこちらからのメッセージを本人に届け、それを本人が実感できるよう努めることが非常に重要です。

　また、本人のほうから積極的に話をしたいと思ってもらうためには、専門職と利用者という三人称の関係だけでなく、二人称のフラットな関係も大切です。これによって、会うことを楽しみにしてもらえるようにもなるでしょう。

認知症の人の声を聴き、つらさを受け止め、代弁できる専門職になろう

　認知症の人には、初期から強い不安、葛藤、孤独感、悲しみなどを抱えながらも、それらのつらい心情や状況を自らは語りにくい状況があります。そこで、北風ではなく太陽のように、本人に強いる

のではなく自ら心の鎧を脱いでもらえるような、そんなかかわりや環境づくりをしていきたいと考えてきました。本人が語るに語れない想いを少しずつ吐露し始めるとき、その人が自分や周囲の状況を受け入れ、前を向いて自分の人生を生きていく、その出発点となるのではないかと感じています。したがって、想いを語れる可能性のある人には語ってもらえるように、かかわり方の工夫をしていくことがとても重要です。この工夫が質、量ともに高まっていくよう努力していきましょう。

　一方で、なかなか自分のつらさなどの想いを語れずに、その状態でずっと長くいる人もいます。そして、認知症の人のつらさには、自分に OK を出せない、そしてまわりからも OK をもらえないというものがあり、またそのつらさを身近な人にさえ理解してもらえないという、さらなるつらさもあります。可能であればできるだけ本人がありのままの自分に OK を出せるように、また家族など周囲の人たちからも理解され、いまの自分を受け入れてもらえるように、サポートしていくことが必要でしょう。

　そのためには、まず私たち専門職が本人のつらさを理解したうえでそれを受け止め、その心情をできるだけ代弁することによって周囲の理解も得られるよう努めることが求められます。そして、当然ですが、代弁する際にはつらさも含め本人が話してほしいと思うことを伝えることが大切です。それには、認知症の人に共通する心情・心理だけでなく、その人の性格、生活状況、趣味・趣向、価値観などを知り、その人の全体像を把握することや、想像力や洞察力を活かすことによって、本人の苦悩や望んでいることを察知していくことが必要となります。客観的な状況だけでなく、本人の内面も感じとれる専門職になっていただきたいと思います。そうなれば、専門職としての自信も大いに高まるでしょう。

生活と心の両方のバリアフリーをめざそう

　2019 年に政府から出された「認知症施策推進大綱」では、「共生」と「予防」が車の両輪となって、認知症になっても希望をもって日常生活を過ごせる社会をめざし、施策が進められることになっています。この「共生」に関して、「認知症バリアフリーの推進」が掲げられています。認知機能障害や BPSD への対応ばかりではなく、生活面に目が向けられ、社会生活への視点が重視されて、地域での支援が進むことはとてもよいことです。便利で安全なまちづくりをめざしていこうというものであり、これも重要でしょう。

　しかし、「認知症バリアフリー」というのであれば、目に見える生活面だけでなく、見えにくい心理面での「心のバリアフリー」という観点からも、認知症のとらえ方や支援の考え方の転換が進んでいく必要があるのではないでしょうか。いまも、認知症と診断された後に「そのことを近所の人に話すと、変な目で見られるようになった」と言う人がまだまだいます。このような状況のままでは、超高齢社会がさらに進むなかで、今後も多くの人が認知症になり、順番に下を向いて生きていかなければならなくなります。専門職にとっても他人事ではありません。医療などが発展し、将来さらに長生きできるようになることを考えると、自分も十分そうなり得るのです。

　かく言う私も、以前は認知症の人に対して「何もわからない人」のような負のレッテルを貼って壁をつくっていました。そうではなくなっても、実際よりもその人のもつ力を低くみてしまっていることがあるかもしれません。したがって、「できるところ、わかるところ、感じられるところなどが、いま自分がわかっている部分以外にもきっとある人」という「逆レッテル」を貼るように努めています。それによって、その人の可能性を見逃さず見出していく気持ち

が出てきやすくなりました。また、この気持ちや姿勢が、認知症の人の心のバリアをゆるめていくことに大きく役立っていると思います。

　認知症への偏見や固定観念がまだありますが、それが本当になくなるように努め、認知症の人が堂々と前を向いて暮らせる時代をめざしていくことが大切です。認知症になってもそのように生きるのがあたりまえと、地域の皆が思えるような社会をつくっていきましょう。

本人とともに感じ、考え、前へ進もう

　認知症の人とのかかわりは、三人称の関係だけで一方的に支援するという形が、いままでの認知症介護・福祉・医療の主な姿であったと思います。これまで、認知症の人はケア・支援の対象者にすぎないという見方がほとんどであったということです。これによって、本当は私たちができるはずのさまざまなことに、自然と制限がかかってしまっていたでしょう。

　また、認知症の人は、役割などをもたず一方的に支援されるだけだと、「自分は何の役にも立たないお世話や迷惑をかけるだけの存在」などと感じてしまうことはもうおわかりでしょう。そして、発症する前と同じかそれ以上に、一人の人間として認められたうえでの関係をもちたいという想いが強いと感じます。したがって、一方的な支援ではなく、フラットで双方向のやりとりや支え合いができる関係が望ましく、多くの認知症の人も意識せずともそれを望んでいるでしょう。こちらから何かを依頼する、提案して一緒に考えるなど本人への投げかけを行っていくことが大切だと思います。これによって、さらに良好な信頼関係が築かれ、心の内面も表出されやすくなるでしょう。

そして、近年本人の視点が重要視されるようになり、認知症の人は、地域でともに過ごす人としてとらえられるようになってきています。したがって、今後は、単に支援する側・される側という形や考え方ではなく、いまの時代をともに歩むパートナーというイメージでの関係をもち、認知症の人と一緒に感じたり考えたりしていくという考え方が大切になってくるでしょう。

　本当にそういうことができるのかと思ってしまう専門職もいると思います。すべての認知症の人とはむずかしいかもしれません。しかし、専門職の心理的サポートや認知症の人のピアサポートなどによって、主に軽・中等症の認知症の人の状況が変わってきているのも事実です。認知症を受け入れられなかったのがそうではなくなり、いまの自分を受け入れられた本人の自覚や想いがはっきりとしてきて、それらを表出できる方向へ向かいます。そして、自分の生活上の困りごとや内面のつらい心境、あるいは楽しみ、やりがいなどを語れるようになっていきます。すると、周囲にも本人の想いが感じとりやすくなるでしょう。

　新しいサポートによって、そのような認知症の人が増えてきているのです。認知症の人と専門職が同じテーブルに着いて、その人の課題や人生を豊かにすることなどについて、一緒に話し合い、考えていく土台ができてきているのです。そして、変えられることは変えていきます。この過程を経た認知症の人は、重度になっても「自分は自分」という気持ちを保ちやすいと思います。進行していっても不要な混乱を招きにくくなるでしょう。

　そして、もちろんそのテーブルには家族が加わることもできます。さらに、家族以外の地域の人などとも、本人の想いを感じとりながら考えていくことが可能となっていくと予想し、期待もしています。もし、これが広がっていけば、人生 100 年時代に向かう日

本で、多くの人が将来自分に起こり得る自分事として、認知症を考え直す機会を得られるでしょう。そうなると、「認知症とともに自分らしく生きる」というイメージが本当に育っていき、これが現実的に可能であることが理解されやすくなります。社会の認知症への考え方、とらえ方も変わり、超高齢社会の文化にもよい影響を与えることになるだろうと思います。

　認知症ピアサポートでは、認知症の人が認知症の人を支援できることを紹介しました。そうであれば、その支援する側の人との連携、すなわち「認知症の人と専門職の連携・協働」による、認知症の人へのサポートもできるのではないかと考えます。実際に、認知症の人にほかの認知症の人の支援について相談し、意見を求め一緒に考えることが可能で有効なケースがあります。また、支援される側にとっては、特にはじめのうちは「認知症になった人でなければわからない」と思う人も少なくありません。認知症の人を「サポートパートナー」とする、この新しい形のサポート方法によっても、認知症支援のさらなる前進・向上が期待されます。

　最後になりますが、これまで述べてきたサポートの実践が広がることによって、認知症の人がまず直面するであろう「早期診断・早期絶望」「空白の期間」をはじめ「問題がないように見える問題」「人としての心理的ニーズの充足」「人生の再構築」「共生」など、さまざまな課題について専門職の対応が可能となっていくことを願っています。そして、認知症の介護・福祉・医療が、本当の意味で役に立てるように発展していくことを祈念します。

著　者

大塚智丈
（おおつか・ともたけ）

1963 年、大阪府生まれ。
一般社団法人三豊・観音寺市医師会　三豊市立西香川病院院長
「認知症の人の役に立つ医療」をめざし、認知症の人の体験や心
情・心理を深く理解した、本人中心のていねいな診察・診断を
行う。認知症の本人を相談員として雇用し、診断後のピアサポー
トにも取り組む。精神科医、日本精神神経学会指導医、精神保
健指定医。
著書に『認知症とともにあたりまえに生きていく　―支援する、
されるという立場を超えた 9 人の実践』（共著、中央法規出版、
2021 年）がある。

認知症の人の心を知り、「語り出し」を支える
本当の想いを聴いて、かかわりを変えていくために

2021 年 9 月 20 日　発行

著　者　大塚智丈
発行者　荘村明彦
発行所　中央法規出版株式会社
　　　　〒 110-0016　東京都台東区台東 3-29-1　中央法規ビル
　　　　営　　業　　　TEL 03-3834-5817　FAX 03-3837-8037
　　　　取次・書店担当　TEL 03-3834-5815　FAX 03-3837-8035
　　　　https://www.chuohoki.co.jp/

本文・装丁デザイン　　澤田かおり（トシキ・ファーブル）
イラスト　　　　　　　佐々木隆
印刷・製本　　　　　　株式会社太洋社